华为增量
绩效法

张明 李舟安 / 著

图书在版编目（CIP）数据

华为增量绩效法 / 张明，李舟安著 . -- 北京：机械工业出版社，2022.8（2024.3 重印）
ISBN 978-7-111-71361-6

I. ① 华… II. ① 张… ② 李… III. ① 通信企业 – 企业绩效 – 企业管理 – 经验 – 深圳 IV. ① F632.765.3

中国版本图书馆 CIP 数据核字（2022）第 142041 号

华为增量绩效法

出版发行：机械工业出版社（北京市西城区百万庄大街22号　邮政编码：100037）	
责任编辑：刘　静	责任校对：潘　蕊　李　婷
印　　刷：北京虎彩文化传播有限公司	版　次：2024年3月第1版第2次印刷
开　　本：170mm×230mm　1/16	印　张：18.75
书　　号：ISBN 978-7-111-71361-6	定　价：89.00元

客服电话：（010）88361066　68326294

版权所有·侵权必究
封底无防伪标均为盗版

| 前言 |

为什么是华为

2012年最后一天,任正非以总裁办的名义签发了当年最后一封面向全员的电子邮件《力出一孔,利出一孔》㊀。熟悉华为的朋友可能会知道,这是任正非常规的做法:让华为的每一位员工都了解他最近在想什么,是什么刺激了他想到这些。

是否每一位员工都看到了这封邮件?截至笔者码字的这一刻,这篇文章的总体阅读量只有45 246人次。我们权且认为这些阅读量都是华为人的贡献,而且假定每个人只读了一次,即便如此,这个数量也不足彼时彼刻华为总人数的三分之一㊁。

㊀ 《力出一孔,利出一孔》是任正非的2013年新年贺词。
㊁ 任正非发文时,华为总员工数约15万。

这就是真实的情况。即便是拥有如此高的行业地位和浓厚民族情结的华为，即便任正非是享誉全球的企业家，对他的讲话，内部员工"拜读"的比例仍然如此之低。类似的情况还有我们津津乐道的华为 HRBP。2018 年 9 月，华为 CHR（总部人力资源）做过一次抽样调研，被调研人员中有超过 30% 的人"完全不知道部门 HRBP 是谁，更不知道名字"。

也许你会因此认为，华为战略的宣传贯彻水平不过如此，华为 HRBP 的内部影响力也不过如此。然而，就是这种渗透程度不算高的战略宣传贯彻、内部影响力不怎么高的 HRBP 体系，在华为的业绩增长中已经发挥出相当强悍的战斗力。近十年来，华为业绩的复合增长率几乎从未低于 20%。与此同时，我们可以反观其他一些企业中的战略宣传贯彻水平与 HRBP 的渗透程度：罗伯特·卡普兰（Robert S. Kaplan）在《平衡计分卡》中提及的企业调研数据显示，被调研企业了解公司战略的人员不足 5%；《清华管理评论》调研的近 1000 家企业中，配置 HRBP 的单位不足 30%。

华为的管理改进是艰难的，但成效是显著的。这也被华为内部另一项改革的数据所支持。2017 年 6 月，经过华为变革指导委员会讨论，历时 9 年的 LTC㊀变革项目关闭。做出这样的决定是基于以下论断：LTC 业务流主干已基本打通，部分场景达成高效畅通，LTC 流程成熟度达到 3.26 分，内控成熟度 60%（基本满意），116 个代表处、304 个系统部完成本地适配。可见，只有 60% 内控成熟度的 LTC 变革为华为贡献了并将继续贡献不可估量的推动力。

我们为什么要一而再地讲华为？要回答"为什么是华为"这个问题，有几个原因是不可回避的。

首先是华为业绩的持续增长。我们常以成功者为自己学习的榜样，持续

㊀ LTC 即 L2C（leads to cash），是从线索到现金的企业运营管理思想，是以企业的营销和研发两大运营核心为主线，贯穿企业运营全部流程，深度融合了移动互联、SaaS 技术、大数据与企业运营智慧，旨在打造一个从市场、线索、销售、研发、项目、交付、现金到服务的闭环平台型生态运营系统。

的成功者往往会有更强的说服力。而企业业绩增长的背后往往是正确的企业经营。

其次，华为的做法具有学习、指导实践的可行性。比如华为的重要改革（账实相符、战略解码、集成产品设计等）和华为的核心价值观都有很强的借鉴性，甚至华为的很多理念、纲领我们都可以原封不动地获取到。这在很大程度上要归功于华为的"老兵"以及与华为进行深度合作的伙伴（比如中国人民大学彭剑锋教授的团队）。他们以自身的实际经历、现场视角来披露华为的真相，理解华为的逻辑，逐步构建起基于华为经验的理论框架。

再次，华为吃过的苦头、栽过的跟头、学到的教训能够让我们汲取丰富的"营养"。比如华为从JK1000局用交换机项目的失败中吸取教训，最后成就了C&C08数字程控交换机项目。华为正是通过这种方式加速成长。用华为的话说，他们踩着石头过河，我们踩着他们过河。

最后，华为方法的有效性已经经过验证。什么样的方法是有效的，是值得我们追随、模仿的？总得需要一段足够长的历史证明过并且反复证明过，总得需要铁与血的残酷现实倒逼出不变就完蛋、不得不变的强烈诉求，总得有一些让我们在组织的管理中有迹可循、可以按图索骥，进而灵活变通的范式和做法。而华为创立近四十年来的欣欣向荣，足以充分证明其方法的价值。

源于秦国人的管理逻辑

我们要正视华为方法独一无二的价值。任正非也用源于先秦时期先哲的"利出一孔"为我们指明了发掘这种价值的线索。这些线索是历史的，是军事的，更是管理的。历史、军事和管理在这一刻交汇在了一起，交汇在了2300多年前的秦国。

以可见的中国历史来看，从来没有一个国家会如秦献公晚期的秦国那般难过。国家弱小，连年征战，群雄环伺，濒临绝境。——线索一：组织变革迫在眉睫，退无可退。要么变，但变也有可能会失败；要么不变，不变一定会失败。

秦国到了最危险的时候，秦献公因伤薨逝，接力棒交到了秦孝公手中。秦孝公正值壮年，壮志凌云却懂得忍辱负重，以铁血意志肃清阻碍、坚定变革。——线索二：坚定的变革核心，超越年代的战略定力，懂得要什么、舍弃什么。

求贤令求来了商鞅（即公孙鞅）。商鞅同样正值壮年，志向远大，博闻强识，极心无二虑，尽公不顾私。——线索三：使命驱动的变革执行者，超越年代的战略定力，知道要什么、怎么要。

三股线索如同溪流汇集到一起，解决了第一个组织变革难题——力量的汇聚。接下来的两个问题更为关键：这股洪流究竟冲击到哪里？如何让这股力量持续冲击？尤其是洪流冲击的方向，更是关键中的关键。冲击值不值得、冲击有什么收益，与方向密切相关。如果方向不正确，即使是摧枯拉朽的力量，也终将会逐渐消散直至消失。

而商鞅给出的答案非常简单：秦国人到底想要什么，我们就去争什么。这就是这股洪流要冲击的方向。秦国人争到了什么，就分给他们什么。这就是冲击值不值得、有什么收益的答案。

接下来要做的事情就变得简单直接——力出一孔，利出一孔。耕战是值得鼓励的，砍下敌人的头颅，抢占敌人的地盘和财货……这是秦国人应该做的事情。得到了好处，国家会分给大家；取得了功劳，国家会给你荣誉。没有人可以例外，地位是自己打出来的。

秦孝公和商鞅的改革二人组成功地将秦国人汇集成的洪流引向了对抗、消灭六国的方向上去。这股力量没有什么可以阻挡——六国合纵不能阻挡，世族复辟不可阻挡，宫廷政变、君主更迭也不能阻挡。六代国君带领下的秦国犹如干柴，被耕战的火种点燃，肆无忌惮、势不可当地燃烧了整个关中，烧向中原、巴蜀、辽东、东海、岭南……2012年冬天的那个晚上，任正非想必也是被这股烈火燃烧得兴奋不已，发了那封面向全员的总裁办邮件。

发了邮件还不过瘾，2017年3月，任正非干脆将《大秦帝国》的作者孙皓晖教授邀请到了华为总部，在华为的"百花讲坛"上给华为高管做了一堂讲座——《大秦帝国对现代企业的历史启示》。

华为的做法和秦国人的做法有着相同的底层逻辑，借一部《大秦帝国》提炼出"力出一孔，利出一孔"的管理逻辑，是华为对自身实践的一种总结和升华，也是华为对未来发展的一种期许和宣言。

我们应该为秦国人喝彩。正如孙皓晖教授在书中讲的——秦帝国崛起于铁血竞争的群雄列强之林，囊括了那个时代的刚健质朴、创新求实精神。中华民族的整个文明体系之所以能够绵延如大河奔涌，秦帝国时代开创奠定的强势生存传统起了决定性的作用。我们也应该为华为喝彩。这不仅是因为华为在不算长的奋斗史中创造了令人惊叹的业绩，更因为华为作为一家土生土长的民营企业所进行的艰难但卓有成效的管理实践。我们更应该为秦孝公、商鞅以及他们的坚定的追随者们喝彩，他们拥有超越时代的坚定意志并竭尽毕生精力去兑现，这种魄力让人折服。

初心：找到抵达彼岸的路径

从组织的角度，一个人、一家企业、一个民族，都有其高度的一致性。如同曾国藩让我们看到，哪怕一个普通人也可以经过日拱一卒的修炼磨砺成为了不起的人物。如同华为让我们明白，哪怕是一家微乎其微的公司也可以经过不断改进成长为一家健康经营甚至基业长青的名企。如同大秦帝国让我们明白，因守一隅的一群老弱病残依然可以通过坚定变法逐渐成就一个震古烁今的帝国。

然而，知道彼岸不难，难的是如何到达。而这正是我们整理这套方法的初心——与大家一起找到抵达彼岸的路径。

这套方法被我们称为"华为增量绩效法","增量绩效"演绎自《大秦帝国》所描述的秦国人的奋斗模式,是华为业绩增长系统方法论的结晶。它可以帮助我们识别不利于业绩增长的各种模式[一],将业绩增长的正途指向正确的路径——涅槃模式。它能激发员工内心的渴求,让欲望产生动力,把动力变成结果,将结果与收益挂钩。

我们是最早学习华为的一批人。在华为刚刚度过"冬天"之后,我们就开始了对华为的研究与学习。先从华为的虚拟股权开始学起,然后是华为的薪酬结构、人才培养与培训等。我们学华为的方案,然后根据企业的实际情况"仿制"。"仿制"的过程中遇到解决不了的问题,我们就去"偷师"——请华为的朋友吃饭,求他们指点。三五年下来,学到的部分已经小有火候,学不到的部分怎么搞也搞不好,于是我们就明白了:有些种子需要对路的土壤和养分才能生根发芽,正所谓"橘生淮南则为橘,生于淮北则为枳"。

不过,那时的明白只是想当然的明白,真正明白还要等到进入华为奋斗了若干时间,又出了华为奋斗了若干时间之后。这一进一出之间的十几年,我们经历了几亿、几百亿乃至几千亿元营收(即营业收入)规模的不同平台,经历了总部到区域到一线的不同战场,经历了从 HRBP、绩效管理、人才管理、组织管理到经营管理的不同岗位,也经历了甲方和乙方身份的历次转换。也是在这一进一出的十几年里,我们逐渐理解了什么是专业——专业并不是把"胶片[二]"做得精巧细致,也不是把方案做得完美无缺,让老板挑不出半点毛病,而是在优劣对比中懂得取舍,是忍辱负重、排除困难取得业绩的韧性,更是知道不能强力去做一些所谓专业工作时的清醒。这种情形正是目前很多在追求卓越的道路上奔跑的伙伴们的工作日常——纠结、撕裂、挣扎、顿悟、激情、坚韧,直至最后那一刻的兴奋与喜悦。把那些可以借鉴而

[一] 如疲软模式、矜持模式、享受模式、小聪明模式、鸵鸟模式、作死模式等。

[二] "胶片"指的是 PPT,是华为内部用语。

且能产生实际效果的华为方法总结出来，分享给大家，正是我们做这件事情的意义所在。为此，我们尽最大努力思考华为方法的底层逻辑，吸取华为方法的精髓，结合各类型企业的实际情况进行具体分析，并因此取得了一点成效。正是因为做了这件事情，我们才能不以之前取得的一些工作成绩为荣，才能不以做了华为的"逃兵"为耻。

我们按照"三段论"的方式来分享这套方法。第一段，我们会讲某件事情华为是怎么做的，比如大家非常想了解的开放式预算。这一部分最高的水准是机械地复制，原封不动地采用华为的内部方案，做到这个水准其实非常之难。第二段，我们会讲华为做法背后的逻辑与配套机制。比如开放式预算背后的逻辑是不设置业绩增长的边界，开放式预算需要精准的经营分析、战略解码等配套机制的支持。这一部分的最高水准是描述方法与方法、机制与机制、方法与机制之间的内在联系。第三段，我们会结合中小企业的实际案例，介绍华为方法在中小企业的实践要点。这一部分的最高水准是戳中众多中小企业的痛点和痒点，让人产生一种"哎，我们也有类似的问题啊"的共鸣和同感。

具体来说，本书的基本架构分为三个部分。

第一部分（第 1~2 章），阐述为什么将增量绩效管理作为业绩倍增的主要路径。这里面有我们可能遇到过的业绩增长难题，有增量绩效的核心逻辑，有华为绩效管理的核心思考。

第二部分（第 3~8 章），阐述增量绩效管理落地的方法论与工具。这里面有增量绩效管理的概要介绍，有增量绩效与目标、战略的关系，有增量战略的整套解决方案，有增量绩效的核心公式。

第三部分（第 9~10 章），阐述增量绩效管理所需要的配套机制和土壤。这里有增量绩效应用的先决条件和门槛，有助力增量绩效管理发挥更大效应的关键机制，有增量绩效应用的企业文化土壤要求，还有对增量绩效操刀手的要求。

华为增量绩效法的"四个关注"

尤其要特别说明的，是华为增量绩效法的主要特色。如果没有这一部分的说明，这本书可能会像诸多普通的华为方法论论著一样日渐沉寂。而华为增量绩效法之所以能从众多方法中脱颖而出，是因为这套方法有四个主要的特色，我们将之提炼成"四个关注"，这是华为增量绩效法最为精华的部分。

1. 关注中小企业

相较于头部企业，中小企业在各个行业中占大多数。我们将营业额从几百万元到几十亿元、人员规模从十几个人到几千人的企业都归为中小企业。这些中小企业如同秦献公之前的秦国，甚至是规模更小的诸侯国。在这些中小企业中，有相当大的一部分企业，要么挣扎在生死边缘，要么面临强大竞争对手的环伺，要么奋斗在争夺行业一线阵营的路上。当然，中小企业中也不乏行业翘楚，比如游戏行业标杆 supercell（超级细胞）。

对中小企业的关注，一方面，设身处地地立足于中小企业所面临的现状与困境，无论是人才的匮乏，还是预算的捉襟见肘。这样的立足点使我们不会建议一家营业额只有 1000 万元的企业上线一套采购成本 100 万元的经营管理信息系统。另一方面，我们在增量绩效管理落地的关键步骤中尽量复原、预测中小企业可能面临的问题，并给出适当的建议，比如试点推进——在条件相对允许的事业部或者作战单元试行增量法，而不是一上手就全面推行，以降低试错成本。

在每章的开篇部分，我们为大家讲述了来自中小企业的案例或者故事，帮助读者从人的遭遇或者事情的进展中了解到接下来将要展开的内容。此外，我们在上百个中小企业的实践，也会为我们的观点提供有力的佐证和有效指引。

2. 关注经营管理

一切职能都服务于企业的经营管理，这是我们一直以来的判断。纵观行业里关于管理段位的各种分类法，无论是阿里巴巴的"三板斧"，还是华为的"HRBP体系"，其高阶段位几乎都要承担经营管理的职责。这充分说明：不接触经营管理，就进不了高段位。从这个角度讲，经营管理就是各个职能铺设的条条大路所通向的"罗马"。延伸一下，经营管理也是组织和人力资源从业者必须打通的任督二脉。站在经营管理的高度，会发现工作视角变得非常开阔。

对经营管理的关注，首先在战略解码中会得到一定程度的体现。战略解码不是一个故弄玄虚的动作，是将一个笼统目标（战略）进行可行性分解的重要举措。战略解码会为经营管理提供上游的线索。其次，分解之后，还要在以产品为单元的业务分层、预算分级、绩效分级环节对企业经营管理框架进行重构，像切豆腐块一样，把产粮单元的各种"征候"进行标识、记录、梳理、分析。这是进行增量绩效管理时最基础的动作。再次，进入开放式预算环节。在某种意义上来说，开放式预算是将企业经营目标、企业经营现状以及对企业增长能力的预估三者结合之后提出的经营管理设想，回答的是企业想要什么、企业的能力有多强、预计可以达到什么程度的问题。最后是设置与增量激励配套的触发条件指标，比如作为阀门指标的销售费用比例，这直接体现了企业的经营理念。以上四个层次是组织和人力资源工作的上游。

3. 关注组织活力

经常会有人问这样的问题：如果用一句话概括华为方法论的诀窍，是什么？在认真思考后，我们的答案是：方向大致正确，组织充满活力。方向不是绝对正确的，这就有了弹性，有了探索和试错的空间，这才有了华为的灰度工作法。组织是充满活力的，这就让探索和试错有了可能性，这才有了华为的熵减逻辑——通过自身革命激发潜能、延缓组织衰亡。

薄世宁[一]教授在《薄世宁医学通识讲义》中的阐述非常有道理："老不可怕，可怕的是衰。"对抗衰老，除了医学手段之外，通过运动等方式增强机能从而增强抵抗力也是行之有效的方法。人体是一个组织，对人体的观察和思考有助于我们对企业组织的理解。

对组织活力的关注在三个方面得以体现。第一，以开放式的业绩增长空间与开放式的收益增长空间作为目标，激发组织中的个体对业绩目标的追逐。第二，以开放式预算中对战略投入的约定、增量收益包的生成等方式，确保组织既能考虑长远发展又能兼顾当前局部的改进。第三，适度拉开激励的差距，巧妙利用"不平均"策略，增强组织张力。

4. 关注个体需求

组织中的个体永远是创造力的第一来源。强调个体的重要性是增强团体力量的基础和关键。然而，很多企业并不擅长激发个体的能量。比如，现在广为流行的"三个共同体"——命运共同体、事业共同体、利益共同体，大部分企业经营者都会一再强调前两者，但对"利益共同体"鲜少提及。这或许是因为企业经营者们更希望用使命和梦想激励员工，但这种做法经常会达到一种相反的效果——不但没有激发员工为企业做出更多的贡献，反而会让员工觉得企业的做法过于虚伪。

站在企业的角度，或许更愿意强调个体对集体的遵从，强调个体的奉献和成就团队的重要性。但实际上，这种"企业角度"并不是真正的组织角度。一个健康的组织，应该是无数个体形成的有机体。华为较早地看到了这一点，并成功地将其应用到组织管理中。因此，华为经常提及的字眼是分钱、奖金、涨工资、加薪，却从不提"三个共同体"，尤其是不提命运共同体和事业共同体，如果有一点点类似共同体的影子，那也仅仅局限在"利益共同体"方面。

[一] 薄世宁医生是北京大学第三医院的医学专家，近20年从医的经历让他对人体组织有着不同凡响的洞见。

当然，华为并非没有看到单纯的物质奖励会带来什么样的后果。华为总裁办曾经发表文章指出："单纯、过度依靠的物质激励驱动具有局限性，且达到一定程度时会产生弱效、低效甚至无效现象，更严重的是产生负效作用，即高度物质满足可能带来惰怠和进取心缺乏。"因此，华为也强调精神文明——物质激励是组织激励的基础元素，精神激励是伟大组织的引擎。

对个体需求的关注主要体现在两个方面，一是与增量绩效配套的培养培训机制，二是与增量绩效配套的多元化激励框架的设计。

我们不奢求《华为增量绩效法》能够完整充分、淋漓尽致地展现增量战略对企业业绩增长以及经营管理的巨大推动力，但我们希望这本书能够为企业的人力资源部门、经营管理者乃至决策层带来一丝触动和启发。

2020年新冠肺炎疫情突然暴发，在全人类对抗疫情的实战中，中国方法和其他国家的方法在病毒面前进行了一场公平的较量。从目前的进展来看，在抗疫方面，中国方法显然更为有效。这让我们隐约地感觉到，也许这是一个先兆，是中国方法将要引起更多关注的先兆，是中国式企业管理将要在企业经营管理领域散发更多光芒的先兆，是东方哲学将要承担更多引领人类发展使命的先兆。

而作为中国式企业管理代表的华为方法，是华为的，也是中国企业共同拥有的财富。

目录

前 言

第一部分　企业为什么要做好增量绩效管理

第 1 章　为什么追求增量绩效　2
　　1.1　企业经营者最想要什么　6
　　1.2　管理改进三原则　7
　　1.3　驱动与统合　16
　　1.4　增量绩效法的底层逻辑　22

第 2 章　增量绩效法的基本认识　29
　　2.1　什么是增量绩效　31

	2.1.1	增量绩效的构成要素	32
	2.1.2	增量绩效的主要概念	35
	2.1.3	增量绩效法的潜在效果	39
2.2	增量绩效正循环		42
	2.2.1	增量绩效法的满足条件	42
	2.2.2	增量绩效正循环的构建	47
2.3	增量驱动力公式		58

第二部分 用对方法，轻松做好增量绩效管理

第 3 章 搭框架：三线四区五法则两机制　　70

3.1	三线		72
	3.1.1	底线	73
	3.1.2	基准线	74
	3.1.3	挑战线	76
3.2	四区		80
	3.2.1	不可接受区	80
	3.2.2	正常考核区	81
	3.2.3	挑战冲刺区	82
	3.2.4	喜出望外区	83
3.3	五法则		84
	3.3.1	问责法则	84
	3.3.2	考核法则	86
	3.3.3	激励法则	88
	3.3.4	特殊法则	89

3.3.5　无底线法则　　　　　　　　　　　　　90
　3.4　两机制　　　　　　　　　　　　　　　　　90
　　　3.4.1　开关机制　　　　　　　　　　　　　91
　　　3.4.2　调节机制　　　　　　　　　　　　　92

第 4 章　资源线：构建以产出为导向的组织和算法　　94

　4.1　划分边界相对清晰的产粮地　　　　　　　　97
　4.2　梳理产粮地的人力配置　　　　　　　　　　100
　4.3　评估产粮地人力效能　　　　　　　　　　　103
　4.4　系统梳理评估产出的指标　　　　　　　　　105

第 5 章　定目标：长中短目标与虚实目标的制定策略　110

　5.1　目标制定需要处理的关系　　　　　　　　　112
　5.2　目标制定需要遵循的原则　　　　　　　　　117
　　　5.2.1　目标制定四原则　　　　　　　　　　117
　　　5.2.2　目标制定常见误区　　　　　　　　　120
　5.3　目标制定的操作步骤　　　　　　　　　　　122

第 6 章　重落地：选用、设计绩效管理工具　　132

　6.1　华为为什么没有被绩效主义毁掉　　　　　　134
　6.2　绩效管理常用工具　　　　　　　　　　　　140
　　　6.2.1　KPI　　　　　　　　　　　　　　　140
　　　6.2.2　OKR　　　　　　　　　　　　　　　144
　　　6.2.3　360 度评估　　　　　　　　　　　　148
　6.3　个人绩效承诺（PBC）方法简介　　　　　　151
　　　6.3.1　PBC 释义　　　　　　　　　　　　　151
　　　6.3.2　考核中的角色及职责　　　　　　　　152

6.3.3	考核工作推进原则	155
6.3.4	PBC 目标的设置	158
6.3.5	具体实施细则	163
6.3.6	PBC 考核结果运用	165

第 7 章 强激励：设计增量薪酬结构与激励机制   166

7.1 增量薪酬结构设计   168
     7.1.1 总收入包的构成   168
     7.1.2 增量激励包   173

7.2 打通能力、绩效、薪酬、激励   175
     7.2.1 以岗定级，建立职位和职级的关系   176
     7.2.2 以级定薪，界定工资范围   176
     7.2.3 人岗匹配，人与岗位责任的匹配评估   178
     7.2.4 薪随岗动，关联职级和绩效   179
     7.2.5 绩效牵引，完善以业绩提升为前提的奖金分配机制   180

7.3 增量薪酬结构与激励机制设计案例   182
     7.3.1 销售总监张三的工作任务书   182
     7.3.2 产品总监李四的工作任务书   185
     7.3.3 项目总监王五的工作任务书   188

第 8 章 全打通：从老板到员工的体系联动   192

8.1 从战略到执行   194
     8.1.1 从战略层到经营层   194
     8.1.2 从经营层到部门层   195
     8.1.3 从部门层到员工层   197

8.2 增量绩效法落地常见问题与简析   200

8.2.1　业务问题　　　　　　　　　　　201
　　　8.2.2　成本问题　　　　　　　　　　　201
　　　8.2.3　指标合理性问题　　　　　　　　202
　　　8.2.4　需求变更问题　　　　　　　　　204
　8.3　增量绩效体系打通的一些有效做法　　　204
　　　8.3.1　一个组织　　　　　　　　　　　205
　　　8.3.2　一个库　　　　　　　　　　　　206
　　　8.3.3　一个账本　　　　　　　　　　　208
　　　8.3.4　一套话术　　　　　　　　　　　208

第三部分　厚植土壤，让增量绩效管理生根开花

第 9 章　增量绩效法的配套机制建设　　212

　9.1　基于市场规律的资源配置　　　　　　　216
　　　9.1.1　让市场和客户说话　　　　　　　216
　　　9.1.2　建立相应的资源与管理机制　　　225
　9.2　基于支撑业务的能力建设　　　　　　　227
　　　9.2.1　任职资格概述　　　　　　　　　228
　　　9.2.2　任职资格建设要领　　　　　　　232
　　　9.2.3　任职资格应用　　　　　　　　　235
　9.3　基于业务领先的组织建设　　　　　　　239
　　　9.3.1　业务领先讲了什么　　　　　　　240
　　　9.3.2　基于业务领先的组织形态　　　　242
　　　9.3.3　几种实战效果出众的组织形式　　245

第10章　培育增量绩效法需要的土壤　　　　　250

　10.1　组织的两种状态　　　　　253

　10.2　保持组织开放性　　　　　257

　　10.2.1　思考失败　　　　　257

　　10.2.2　乐观精神　　　　　258

　　10.2.3　去神秘化　　　　　260

　　10.2.4　以核心竞争力驾驭不确定性　　　　　261

　　10.2.5　通过客户和业务拉动管理　　　　　263

　　10.2.6　打破平衡，形成张力　　　　　266

　　10.2.7　通过核心价值观激发正能量　　　　　267

　10.3　做好增量绩效法的操刀手　　　　　269

　　10.3.1　聚焦经营的多面体　　　　　269

　　10.3.2　问题解决的特种兵　　　　　273

　　10.3.3　掷地有声的铜豌豆　　　　　274

后记　　　　　276

| 第一部分 |

企业为什么要做好增量绩效管理

CHAPTER 1
第 1 章

为什么追求增量绩效

和老邱喝的三次咖啡[一]

认识老邱已经有十几年了,他是我亦师亦友的一位兄长。老邱39岁,本科和硕士都毕业于某名牌大学工程管理专业,毕业之后去了一家校办上市企业,从项目助理干起,4年5次升职,28岁时就已经是一名出色的项目经理了。后来,他的老领导跳槽,出于对领导的认同,当时还是邱经理的老邱(当时还是小邱)毅然跟着老领导跳到一家在香港上市的知名软件企业。在新公司,老邱通过自己的努力和领导的关照,用了2年时间,从项目经理做到项目总监。老领导做了公司COO之后,老邱也从项目总监做到了经营管理部的副总经理、总经理。

我和老邱一起喝过很多次咖啡,给我留下深刻印象的有三次。

第一次是老邱决定跟着老领导一起到新公司报到时。那天,

[一] 此故事源于本书作者张明的真实经历。

本来不怎么爱说话的老邱一连说了好几个小时，咖啡续了好几杯。他谈了将要入职的新公司的管理是多么规范，当然，也少不了吐槽原公司的毫无章法。他尽情地畅想着自己在新公司如何大展拳脚——如何建立一支能打仗的项目管理队伍，如何对原来队伍的人员进行调整，如何通过项目奖金来激发项目经理的管理潜能，从而间接撬动（老邱的高频率用词之一）项目组成员的积极性、提高项目交付的效能。那天大部分时间都是老邱在说，我就专心做了个"嗯啊先生"。是啊，面对这么一位充满憧憬和工作激情的朋友，我还用得着说什么呢。

接下来的大半年，老邱果然如他所说，在新公司大显身手。他曾兴致勃勃地给我打电话，说他只用了两个月就使原来的项目经理队伍彻底更新换代，老的项目经理只留下六个人，然后从技术岗和产品岗调来了五个得力的人才，又从外部头部厂商那里挖来了几个能人。经过这一番调整，项目管理团队战斗力爆棚：项目经理的总人数虽然少了，但项目数量和规模都扩大了，项目的交付周期也比之前缩短了近三分之一。在电话里，老邱还谈了很多管理心得，比如如何打造学习型组织，如何给团队人员培训赋能，如何进行团队考核，如何让项目经理接受360°考核，如何让客户参与到项目经理的考核等。看得出来，老邱的状态很不错。

第二次和老邱的深度交流正赶上他被任命为经营管理部副总经理的当口。本来是我打电话约老邱，想请他给我所在公司的项目管理部开个小灶，讲讲项目管理的实战方法，在这方面我相信老邱能"秒杀"很多专门讲项目管理的培训师。电话里，我问他何时方便，谁知他比我还要着急，当天晚上就要见面聊。

我原本以为，老邱一定是新官上任、春风得意，谁知道，一见面，我看到的竟然是他满是愁容的脸。刚落座，老邱就迫不及待地"交代"了这副苦大仇深模样的原因。

原来，老领导当了COO，他也成了经营管理部副总经理，虽然叫副总经理，但实际上是主持工作的一把手，理论上来说，只要老邱做得不差，总经理的位子如同探囊取物。但这时偏偏出问题了。

经营管理部上一任总经理是老板的"嫡系"，跟着老板创业起家，做过老板的秘书、采购经理、办公室主任。他在经营管理部勉力支撑了近一年，因为没能达到老板的要求，被换回办公室主任的位置了。加上他，这个岗位三年里已经换了五任，平均在职时间只有半年多。这五任总经理，既有像老办公室主任那样土生土长的内部专家，也有从竞争对手那里挖过来的专业选手，甚至还引进过出身BATH[⊖]的高级经理人，但他们都没能让老板满意。老板的要求说起来也挺简单，就是快速有效地提升公司的业绩，多快好省地建设公司的伟大事业，但做起来并不容易。

老邱当上副总经理后，老板给他下了一道命令：如果老邱不能在半年内让公司的业绩获得明显突破，就马上换人，顺带连老邱的老领导、现任COO也要下岗。新的职位老板也给规划好了，工会、几个委员会的闲职随便挑。这下子，老邱顿时感觉到了沉重的压力：自己卷铺盖走人不要紧，连累老领导也被边缘化，那可真是良心不安！可是，把业绩搞好哪是那么容易的事，虽然自己对项目管理非常擅长，但对推动业绩提升、管理组织绩效并不在行。所以，他虽然硬着头皮接下了任务，却焦头烂额，不知如何是好。

说到这，我明白了，这次老邱是想找我出主意，帮他破局。作为朋友，我当然义不容辞。我准备在问题中寻找突破口，于是，我接连问了老邱几个问题：老板定下的目标包括哪些方面？是提升业绩、改善财务指标（比如加快回款速度、增加现金流），还是提高核心产品的竞争力、市场份额，又抑或是提升公司的人均效能？

⊖ "BATH"指的是百度、阿里巴巴、腾讯、华为。

前几任总经理都做了哪些尝试？是优化了流程，还是改进了方法？最终效果怎么样，群众的反响如何？

对我的问题，老邱对答如流，可见他已经下功夫做了全面的调研。根据老邱的说法，老板最关注的还是业绩的提升，毕竟作为上市公司，董事会对公司的业绩提升有持续的要求。之前的几任总经理，有通过优化流程提高公司运营效率的，主要打法是加强从订单线索到项目立项一直到应收款这条线的管控，删繁就简，这明显是大厂职业经理人的常规方法；有和人力资源部深度合作，大张旗鼓搞学习型组织的，通过强化人员能力来提升效能的；还有采用高压式管理的，给各个事业部下硬指标，一个月了解一次进展，对完成情况欠佳的事业部，扣发业务配套费用，对业绩不理想的销售人员进行强制性淘汰。

听到这里，我追问了一个问题："你对这些做法有什么感觉？"老邱皱了皱眉头，很谨慎地说，他觉得这几位总经理的做法都是正确的，但总觉得没有打到七寸上。于是，我跟上一句："你是不是觉得他们的做法偏防守，没有体现进攻？"老邱狠狠地拍了下桌子："对，就是这种感觉。"聊到这个程度，努力的方向渐渐明朗：要进攻，向着业绩增长的方向进攻！

最近一次和老邱喝咖啡是在 2021 年 2 月，那时老邱已经做这个经营管理部副总经理半年多了。见面时，老邱明显轻松了一些。果不其然，他在公司推动了以业绩增长为主导的进攻策略。虽然 2020 年的业绩还在统计中，不过据他估算，尽管这一年新冠疫情的冲击使公司经营受到了影响，但总体来说，公司业绩会有较为明显的增长。老板已经找他谈话，要把他副总经理的职位"扶正"了。

听完这个故事，你有什么想法？接下来，我们来聊四个话题。

1.1　企业经营者最想要什么

企业经营者最想要什么？对这个问题的理解和回答，将会奠定我们后续内容的基础。

让企业活下去，好好地活下去，好好地、持续地活下去，这就是企业经营者最想要的。 企业活下去的本质是企业所从事的商业活动能够获取商业价值，简单来说，就是能赚钱、有利可图。在活下去的前提下，才有资格、有条件去谈别的，比如企业家的梦想、员工的幸福生活等。

然而，现实是很多企业经常性地挣扎在生死存亡的边缘，无论是只有三两个人的小公司，还是规模可观的大企业。尤其2020年新冠疫情席卷全球，更是让很多企业破产或者濒临倒闭的边缘。我的很多朋友，就职于"中国500强"民营企业，职位也很高，每个月却只能拿到半薪，更谈不上年终奖。他们的老板时时刻刻都在担忧，因为公司说不定哪天就会轰然倒塌。

至于让企业挣扎在生死边缘的原因是多种多样的。既有商业模式的因素——对于那些商业模式不好的公司，是否能赚钱本来就是一个无法确定的问题，这样的企业每经营一天就被这个问题折磨一天，天天处于生死边缘也就不足为奇了，也有政策影响的因素——一项政策的制定和废除往往会对企业造成决定性的影响，比如"双减"政策的发布就给了教培行业沉重的打击，使那些以课外辅导为主要业务的各种教育机构瞬间进入"寒冬"。

当然，抛开这些可能性（商业模式成立与否）和不可抗因素（国家政策等）的影响，最关键的因素还在于企业经营的好坏，这在操作层面最直接的体现是现金流。有些企业从业务增长（订单量、合同额）上来说是向好的，现金流却很紧张。我的一位朋友的经历就恰好能说明这一点：他经常发朋友圈，说公司又有重要客户送来了大订单，但每个月还是会被拖欠工资，连几个月前的报销都迟迟不能解决。从这个角度来说，我们就不难理解为什么企业会尤为重视现金流，为什么财务总监尤其是管资金的财务总监往往在企业中拥有很强的话语权，进而也理解了为什么华为推了九年的流程变革会是LTC。

从这个角度来说，让企业好好地、持续地活下去，就是要有现金流，有增长的现金流，有持续增长的现金流。如果说企业的目标是打胜仗，那么所谓的"胜仗"就是实现利润的增长，实现现金流的稳定充足，这是企业经营者的尊严。正如任正非在华为2017年市场工作大会上的讲话："未来是什么？有利润的增长、有现金流的利润，去除干部身上的浮躁，转变到踏踏实实为客户服务。"

回到老邱的故事，老邱的老板对COO和经营管理部的期许和要求也就变得清晰、易于理解。作为上市公司，董事会对业绩持续增长的要求都是高压式的。上市公司的经营者自然也需要一批专门盯着企业经营管理的人员，这批人做的事情就是任正非给华为人提的要求——保持有利润的增长，创造有现金流的利润。

现金流是如此重要，正因为如此，企业经营者体现的所有管理举措都会以这一目标为落脚点。

1.2 管理改进三原则

为了让企业好好地、持续地活下去，企业经营者会制定很多管理举措。这时，我们需要考虑一个问题：这些管理举措都涉及哪些内容？

我们不妨把一家烧饼铺作为一个最简单的经营单元，从烧饼铺老板的视角来进行分析。

想正常经营一家烧饼铺，一些基本的要素要先梳理清楚。面、肉、燃料、佐料、包装、工具、租金、人工费（可以简单理解成工资）等，都是经营烧饼铺必不可少的要素。想让烧饼铺活下去，得先算一笔简单的账。把上面这些要素全部加起来，平均到一个烧饼上的成本是2块钱，如果我们把烧饼的价格定为2块钱以下，就会亏本，亏本的生意是不能持续的。因此，烧饼铺老板必须把烧饼卖到2块钱以上。

具体价格是多少，就需要烧饼铺老板动一番脑筋了。他要考虑烧饼铺所在的城市和地段，不同城市和地段的人消费力是不同的，这决定了买烧饼的人愿意花多少钱来买一个烧饼；要考虑市场上竞争者的情况，其他烧饼铺的定价会对他的定价产生影响，为了抢占市场，他还要思考是否有可能做出不同于别家的烧饼；要考虑在哪个菜市场能采购到物美价廉的原材料，甚至要研究本地城管条例，以降低经营风险。

城市和地段带给烧饼铺老板的是潜在客户和购买力，制造出不同于别家的烧饼描绘了产品以及产品的差异性，原材料带给我们最直接的思考是关于采购和供应链的。除此之外，还有很多值得关注的环节，比如财务和人力资源。对于烧饼铺的老板来说，是自己管钱还是让妻子管钱是值得推敲的事情，开一家夫妻店还是请亲戚朋友来帮忙更是一个敏感的话题。涉及人的部分是我们自以为擅长的领域，因为大部分企业的绩效管理是人力资源部或者是起着人力资源管理作用的办公室、人事部、综合管理部的事情。

上述的任何一个因素都能决定一个烧饼铺是否能活下去，任何一个因素对烧饼铺来说都是至关重要的因素。这些因素以及这些因素的延伸问题就成了烧饼铺老板可以着手改进的管理方向。

我们从如烧饼铺一般简单的经营体逐渐发展、抽象，一直到将经营单元扩大到一家上规模的企业，企业经营者的管理改进举措随之逐渐丰富和完善。如果要概括成一张关于改进点的全局图，平衡计分卡（Balanced Score Card）或许可以给我们一个相对满意的答案，如图1-1所示。

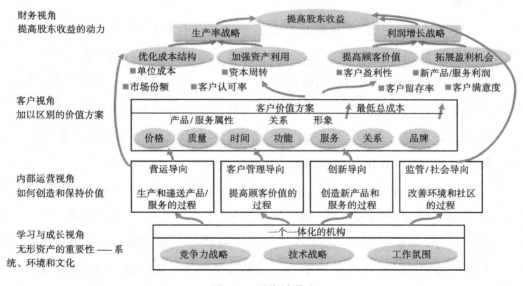

图1-1 平衡计分卡

平衡计分卡是对企业管理举措的系统性提炼与描述。描述是管理的前提，正如平衡计分卡创始人罗伯特·卡普兰与大卫·诺顿（David Norton）的说法："不能描述，就无法评价，而无法评价，就无法进行管理。"平衡计分卡从财务、客户、内部运营、学习与成长四个角度，将组织战略分解为可操作的衡量指标和目标值。平衡计分卡系统因为兼顾五项平衡①而为我们提供了一个透视和推动企业经营的完善系统，它也因此被誉为近几十年来世界上最重要的管理工具和方法。

很多人会提出疑问：这么多切入点，到底哪些才是我们当下该选择的呢？全局图让我们对管理举措的切入点有了更多选择，但也提高了我们优选切入点的难度。其实，企业的现存问题、问题解决者的已有经验、企业经营者甚至是老板本人的要求，都有可能成为管理改进操刀者选择的依据。

老邱公司的几位前任总经理就是如此。用华为式的LTC优化流程，提高从订单到收款的运营效率，是一种解；深度建设学习型组织，提升人员的眼界与能力从而带动组织变革，是一种解；加强绩效考核，向全员施加压力，促进员工的绩效提升，也是一种解。如果老邱公司经营管理部的总经理一直换下去，还会有其他不同的解法，比如提升产品化，拓展新客户，优化供应链，投融资与并购，等等。

有的操刀者会选择"组合拳"，综合使用各种方法，多方位出手，以此来达成提升业绩的目的。华为采用的也是这样一套"组合拳"，1995～2019年，华为在公司运营、业务赋能、系统支撑三大领域进行多条线协同的深度变革，使华为业绩保持了相当比例的复合增长，如图1-2所示。

如果说业绩的提升是每家企业都想抵达的"罗马"，那么各种管理举措就是通往"罗马"的条条大路。 以学习型组织的建设为例，如果用柯氏四层评估法来分析，其第四层的结果评估考察的是工作中导致的结果（在学习型组织中，这体现为培训创造的经济效益），如表1-1所示。以引

---

① 五项平衡指的是财务指标和非财务指标的平衡、企业的长期目标和短期目标的平衡、结果性指标与动因性指标之间的平衡、企业组织内部群体与外部群体的平衡以及领先指标与滞后指标之间的平衡。

第 1 章 为什么追求增量绩效　11

图 1-2　华为 1995～2019 年业绩与重大战略变革

进末位淘汰、严格绩效考核的方式为例，不断地末位淘汰期待的是通过每个个体单位产出的增加来整体提升企业经营效益。

表 1-1 柯氏四层评估法

评估层次		结果标准	评估重点
1		反应	学员满意度
2		学习	学到的知识、态度、技能、行为
3		行为	工作行为的改进
4		结果	工作中导致的结果

如果说各种管理举措是通往罗马的条条大路，那么我们应该选择其中最通畅的一条。虽然道路有很多，但有些管理举措可能会因为推进不合理等原因，互相冲突甚至互相妨害。比如，有些企业一边推行组织扁平化管理——减少管理层级、让信息透明，一边推行信息安全建设——通过信息管理权限的设置确保公司信息安全，保护公司无形资产。两种举措碰撞在一起，让员工和管理者无所适从，最终结果不堪设想：要么一对多的管理者会忙疯，每天审核众多的信息开放权限审批，要么公司的一些秘密甚至绝密信息变成超市里的商品，谁想拿走就拿走。再比如，有些创业型企业在业务规律、组织形式、管理机制都有待建设的情况下，推行人力资源三支柱模式，以标准化、规范化为核心的共享服务中心，与以解决问题为导向的 HRBP 以及以抽象化、制度化为核心的 COE 之间存在大量矛盾与冲突，本来以提高人力资源支撑力为目的的改进，反而成了制约管理升级的桎梏。退一步讲，即使不同的管理举措之间不存在互相冲突、互相妨害的关系，在企业资源相对有限的情况下（其实企业资源永远都处于一种有限的状态之中），管理举措同时上马、齐头并进的可能性也不大。因此，选择其中最通畅的一条道路，才是通往罗马正确的选择。而如何选出合适的路径，需要我们有一颗清醒的头脑，对企业

经营进行认真审视。我们认为，判断管理举措是不是值得优先选择，需要考虑以下三原则。

第一，好的管理举措一定是互惠的。

互惠在这里有两层意思。第一层意思是参与方之间的互惠，主要是以老板为代表的企业和员工双方。如果我们把管理者从员工方剥离出来，那么这一关系就是企业、管理者和员工三方。我们要推动的管理举措需要兼顾各方利益，实现共赢。在企业经营效益固定的情况下，无论企业和员工双方，还是企业、管理者和员工三方之间，在利益分配上永远都是零和博弈，企业拿走的多，员工拿到的就少，要想各方受益，只有在做大蛋糕的情况下才能实现。

第二层意思是短期与长期之间的互惠。企业经营者最想要的是企业好好地、持续地活下去，在企业经营效益固定的情况下，当前的"爽"和持久的"爽"也是零和博弈。把赚到的钱全部撒出去，一点都不留，当前会感到很爽，随之而来的就是企业逐渐失去竞争力，在后续发展中很有可能处于竞争劣势。赚到的钱撒出去很少或者不撒出去，全部用来培养和提升企业的竞争力，实现"厚积薄发"，也许老板会觉得这样挺爽，但回过头一看，跟着自己打江山的兄弟们没剩下几个。毕竟，对管理者和员工来说，物质需求是最基本的需求，光靠愿景、未来和梦想不能维系队伍。要想长短期互惠，也只有在做大蛋糕的情况下才能实现。

在华为的管理逻辑中，这一维度被提炼成两个问题：如何花钱和如何分钱。对企业而言，钱要花在哪里？花在提高投入产出比和企业及产品的竞争力上，花在核心技术的创新上，花在核心产品的改进上，花在核心员工的能力和薪酬提升上，花在管理机制及体系建设的沉淀和演进上。又该如何分钱呢？钱要分给增量，要分给核心员工的独特贡献和额外努力，要分给认可公司文化和核心价值观并积极推行的核心员工。

第二，好的管理举措一定是聚焦的。

聚焦在这里至少包含几层意思。首先，要旗帜鲜明、主攻方向明确。如果主攻方向有多个，那就意味着企业的资源会被稀释。这就相当于，仅有的一点水被用来大水漫灌，但没有一块地皮能够被浇透。

其次，能够带动整个系统。在企业经营的大范畴中，一项举措如果可以作为企业这艘大船的龙骨，使其他结构都围绕着它来展开建设和加固，那么这项举措就是我们必须牢牢把握的。以人力资源系统建设为例，绩效管理（广义绩效，包含绩效管理和激励机制）可能成为人力资源系统这艘大船的龙骨，而员工关系就很难成为龙骨。通过绩效管理，可以撬动人力资源规划，可以拉通招录与配置，可以推动能力体系建设和人才的培养培训，还可以为企业经营与战略调整注入强大动力。

再次，在一定时期内主攻方向是相对固定的，可以进行适度微调，但不能彻底转换。在挖井理论与"船小好掉头"两个选择中，华为更愿意选择前者。任正非在2016年1月13日市场工作大会上讲："……出现了战略机会，这是我们的重大机会窗，我们要敢于在这个战略机会窗开启的时期，聚集能量，密集投资，饱和攻击。扑上去，撕开它，纵深发展，横向扩张。我们的战略目的，就是高水平地把管道平台做大、做强。"这种思想的具体体现就是华为的针尖战略。无独有偶，位列全国民营企业前15强的国家特大型工业企业、全国最大的民营钢铁企业江苏沙钢集团，在总结自己的发展战略时提到的"拳头观点"也有异曲同工之妙——张开五指，不如捏紧拳头，一定要培植自己的当家产品，在未来激烈的搏斗中才能取胜。

最后，我们选取的举措一定是能凝聚共识的。这一点和主攻方向的聚焦有关联，又有不同。企业选取的主攻方向可以理解为企业的战略行为或者经营行为，而凝聚共识体现的是企业集体动员方面的能力。企业的战略与经营主张能不能得到广大员工的支持，在很大程度上能决定工作的成败。有一位 HRD 朋友曾经讲过一个实例，他所在的企业是一家垂直行业、2B 类型的软件类公司，高层制定了向 Sass 领域拓展的战略，获得了董事会的支持，但在后续的战略推动中，中基层员工却并不理解这一战略甚至进行抵制。这导致人员的调转不顺畅，调转过去的员工态度也不积极，核心骨干频频流失，最后这项业务几乎陷入死局。

第三，好的管理举措一定是有力的。

有力就是有力量、有力度，不是轻轻触碰、可有可无，更不是隔靴搔痒。如果我们拿这一项标准来衡量老邱公司经营管理部前几任总经理的管理举措，会发现建设学习型组织不算有力度，优化流程和加强考核还算有些力度。但为什么都没有获得老板的认可？

这是因为学习型组织的建设像是挥动铲子挖井，挖得久了可能会挖到井水，但也可能挖不到，毕竟从开放人的思维，到试图固化人的行为，再到通过固化的行为取得效果的链条太长，哪个环节没有做到位，效果就会大打折扣。

而优化流程的尝试更像是砌墙防贼，虽然在可见的未来里会产生较大的效果，但需要的时间太长。这一点我们可以参照华为的 LTC 变革。从 2008 年到 2017 年，华为的 LTC 变革历时 9 年，流程成熟度 3.26 分（满分 5 分），内控成熟度是基本满意的水平。尽管这项变革为华为业绩提升带来了不可估量的推动力，但有多少企业、多少老板会有 9 年之久的战略定力？

严格绩效考核更像是挥鞭子，跑得慢我就抽，跑得快的人是因为怕挨抽，而不是跑得快可以得到自己想要的好处。

老邱的老板要的是有效果而且效果较明显、见效较快的方法，这几位前任总经理都没有找准三者兼备的工具。

由此，我们构建了一个三棱镜（见图1-3），一条边为参与到管理变革中的各方寻找收益（互惠），一条边为进攻方向拔除杂草、清理障碍（聚焦），一条边为变革成效提供动力和足够分量的预期（有力）。用这个三棱镜作为衡量标尺，能够有效通过棱镜的光线顿时变得稀少、清晰、明朗起来。

图 1-3　衡量管理举措的三棱镜

1.3　驱动与统合

给老邱的建议——以业绩增长为方向制定管理举措，就是拿着这把三棱镜照射出来的结果。我们把这一方法总结为增量绩效法，它是互惠的、聚焦的、有力的。

增量绩效法是企业的自我驱动。有自驱力的员工是企业梦寐以求的优质人才，也是企业的珍宝。这类员工会自己为工作赋予意义，会为实现工作结果而向自己施加压力，他们有很强的学习能力和适应能力，比起自驱力较低的员工有更强的抗压力和更大的担当,也更有格局,更有远见。

一般情况下,理想中的企业经营者都应该是,也必须是这一类的选手,无论他们是什么性格类型、愿不愿意。从专业角度我们把这种特质称作领导力要素。企业经营者需要将自己的这一特质不断外化,先是外化到管理团队,进而外化到组织中的每一个个体。有些企业喜欢把这种理想的外化结果称作"命运共同体"或者"事业共同体",甚至干脆提"三个共同体"——命运共同体、事业共同体、利益共同体。

企业经营者的这种努力换来的是企业不同程度的人格化。从组织行为学的角度看,企业人格化是组织人格化的一种形式,其实只要有组织的存在,组织人格化必然要出现,小到一个组,大到一个国家甚至国家联盟都是如此。正是因为这个规律,李云龙的独立团才脱颖而出,成为亮剑式的独立团,成为能体现中国军魂的独立团。李云龙作为"经营者",把自己的狼性特质外化到战士身上,经过时间的沉淀,这种特质最终演变为一种规矩和传统。

对个体可以提出具有内驱力的要求,对于由多个个体组成的企业而言,即使每个个体都有内驱力,都可以自我驱动,个体与个体之间仍然需要一种机制去黏合,让个体的自驱力以集体形式出现。有可能促成这一转变的有效途径就是增量绩效法。

增量绩效法可以提取企业与员工诉求的最大公约数。按照华为的逻辑,企业的经营行为可以分为如何赚钱、如何花钱以及如何分钱,从管理学上来说就是全力创造价值、正确评价价值以及合理分配价值。在《华为人力资源纲要2.0》中,创造、评价、分配三元素构成了打造以及优化价值创造管理循环的主线,如图1-4所示。

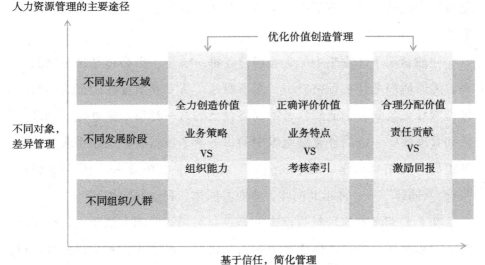

图 1-4　华为人力资源管理的主要途径

价值管理循环圈是一个闭环，价值分配是一个阶段的终结，也是下一个阶段的序章。这一环节往往会发生一种博弈——蛋糕就那么大，这个人分多了那个人就分少了，于是，公司内部经常会出现两个管理者在争是把奖金给生产人员多分一点，还是给供应链人员多分一点。或者一个下属质问他的领导"为什么给张三那么多，给我就这么一点"。我们把这一类博弈叫作内向性博弈。内向性博弈是零和的，只会是你多我少，或者大家都多，留给公司的少。

诚然，内向性博弈通常是在所难免的，但我们可以用一种方法适度改变博弈的朝向——把人们的注意力放到如何把蛋糕做大上，放到如何通过艰苦奋斗让自己的奖金比之前更多上。这个时候的争夺会朝向公司和同行的竞争，有利于形成公司业绩的增量。我们把这一类博弈叫作外向性博弈。打个比方，老张家有三个儿子，都已经成家立业。有一天，兄弟三人吵着要分家，家里的十亩地和两头牛就成了他们争夺的对象，这种情况属于内向性博弈。兄弟三人吵来吵去吵个不停，老张一气之下把他们都赶了出去，兄弟三人没办法，只好到山脚开垦荒地，这属于外向性博弈。

绝大多数公司都在倡导外向性博弈，体现在经营管理的指标中就是要求提高市场开拓率、新客比率、新产品销售增长率等。这让员工的付出和可能得到的回报之间的关系变得更简单易懂，员工的精力被更多地用于向外开拓。

外向性博弈汇集了所有员工、员工和企业之间的最大公约数，员工和企业想要得到的都可以从市场上获取，从竞争对手的手中夺来。

当然，内向性博弈永远不会被消解，当完成外向性博弈之后，员工和企业里的各个部门又会产生内向性博弈的需求。但到了这时，一方面，外向性博弈带来的红利已经让人在很大程度上得到了满足，通过内向性博弈获得红利的念头不再那么强烈，能争到是运气，争不到也没什么；另一方面，尝到外向性博弈甜头的人们会期待通过下一次的外向性博弈获得更大的收益，从而开启了通过外向性博弈不断激励自己的正向循环。

从企业管理的角度来看，尤其是从经营管理或者组织和人力资源工作推动的角度来看，增量绩效法也是一种切实可行的理念和路径。

有三个要素制约上述部门推动管理改进工作（某种程度上的组织变革或者流程再造）。第一个要素是公司经营者的决心和毅力。经营者的毅力最简单直接的解读就是能不能一直盯着一件事情不放。保持毅力并不是一件非常容易的事情，用老邱的话说，"培养一位出色的领导太难，何况是老板"。经营者的时间本身就是企业最稀缺的资源，盯得紧了时间不够用，一旦授权，往往就容易放松警惕。

第二个要素是组织功能链条上的分工带来的协同问题。这个问题是内向性博弈在组织管理中的延伸和变种，直白地说就是"屁股决定脑袋"。尤其是考核指标覆盖下的各个部门，为了完成自己的指标往往会置其他指标于不顾，怎么可能成为管理改进的推动者和助力者？从这一点延伸一下，在华为的绩效考核中，在中高层组织范围内对中基层绩效考核的结果（即绝对考核，主张人和目标比）进行二次审视（即华为的相对考核，主张组织和组织比、人与人比）有着重要意义，这种机制可以有效消除因为职责分工不同带来的本位主义消极影响。

第三个要素是管理改进执行者（在具体工作中往往被冠以"执行小组组长"的名头）自身的处境问题。管理改进主导者与执行者的同盟关系和默契程度是我们必须关注的，先秦时期秦孝公和商鞅的改革二人组就充分体现了这一点的重要性，"公为青山，我为松柏"的誓言经历了血与火的生死考验。这种同盟关系里面包含了管理改进主导者和执行者的能力相当，包含了管理改进主导者的战略耐性和执行者的契约精神，包含了主导者的格局胸怀和执行者的勇为敢当，包含了主导者和执行者的菩萨心肠与雷霆手段，甚至包含了工作小组所处的市场环境与时代气息。

正因为如此，我们选择用增量绩效法统合诸多管理举措，因为对增量的期许将会鼓励主导者的决心和毅力，毕竟对于处在金字塔顶端的人来说，企业的受益是可预见的最大受益。而且，无论身处功能链条上的哪个环节，增量带来的都是受益，处在不同位置上的人不用担心会出现牺牲个体成全集体的境况。即使从管理改进执行者的自身处境来说，增量绩效法也会帮他营造出一个相对安全的空间，毕竟主导者有了决心和毅力，各个层面的人也不反对甚至还会有助力，拿到结果就变得相对容易了。

增量绩效既可以作为统合其他方法的理念，又可以独立成为一种直接操作的方法。前面提到了用增量绩效法来统合诸多管理举措，我们可以用汽车和汽车的发动机做一个类比。大家知道途昂是大众家族里的中大型SUV，5米多的车长提供了超大空间，受到一些二胎家庭的青睐。途昂的发动机是大众有名的EA888，是大众集团旗下中高级车型的主力机型，除了在途昂上装配之外，还装配在大众旗下迈腾、CC、途观、帕萨特，甚至奥迪Q5等多款车型上。增量绩效相当于EA888，途昂、迈腾、CC、途观、帕萨特等车型相当于诸多的管理举措，EA888为众多车型提供动力，增量绩效法也会起到类似的效果。

我们可以以学习型组织为例，看增量绩效法是如何产生驱动效果的。我们挑选了几个学习型组织建设的指标，比如人均课时数、人均课程数、培训师占比、培训覆盖率等，用增量绩效法的逻辑，我们不仅考察以上几个维度的增长，还为了提升上面几个维度的增长制定分段的刺激计划——增长的比例越高，参与者得到的激励越大。具体的操作我们将在增量绩效法的具体方法论中进行介绍。最终的结果证明，用了增量绩效法这个"发动机"，各种各样的管理举措都产生了业绩倍增的效果，就像是原来用小铲子挖矿，实施增量绩效管理后，一下子产生了鸟枪换炮的效果，铲子变成了挖掘机、盾构机。

此外，增量绩效法本身也可以一种狭义的方式单独产生作用，让增量绩效管理直接作用于业务指标上，同样能产生理想的效果。老邱就是个鲜活的例子，他只是简单地将增量绩效法用在了推动业务指标的增长上，一段时间下来，就有了明显的效果。换一个角度理解，增量绩效法既可以作为系统的方法论来谋划布局公司的整体经营，用中医的思路调理企业，重构企业管理的系统脉象，也可以作为点状治疗具体问题的手段，用西医的思路精准治疗。

1.4 增量绩效法的底层逻辑

要想把一件事情讲清楚，就必须要讲它的底层逻辑。增量绩效法的底层逻辑有三个层面的解读。

第一个层面，增量绩效法实现的基本前提是保证企业有更多收益。

增量绩效法的效力展开是一个典型的"如果……那么……"固定句型，即"如果"企业的收益增长了，"那么"企业可以拿出一部分收益来进行分配；"如果"企业的收益没有增长，"那么"增量绩效法所做的关于分配的各项约定都不作数。没有前面的"如果"，就没有后面的"那么"。这种模式因为不会对现有经营带来新的压力而更容易受到广大企业经营者的青睐，在他们心目中很有可能给增量绩效法贴上一个可爱又醒目的标签——靠谱。

这一基本前提的设置，有利于企业调动更强的积极性来响应增量绩效法带来的调整和变革，同时将参与者潜在的反对、抵制以及观望因素控制在极小的范围内。

从某种程度上来说，增量绩效法指向的是一种面向未来、经营未来、分享未来的能力，我们把这种能力叫作**未来能力中心**，增量绩效是未来能力中心的动力系统和心脏。

第二个层面，增量绩效法是以攻为主、攻守兼备的。

增量绩效法实现的前提是保证企业有更多的收益，这种价值导向容易形成一种牵引，使自下而上的改进力量越来越强大。当自上而下的变革和改进意志与自下而上的改进力量凝聚到一起，就是一股强大而精准的攻击力。

同时，增量绩效法不是一味地进攻而全然没有防守的意识。在设置增量绩效的主副指标时，承担主攻任务的指标会被安放在前锋的位置上，承担防守任务的指标则会被安放在后腰的位置上。核算最终结果时，主攻任务指标和防守任务指标结合起来看，才能最终确定绩效结果。

比如，一般情况下企业会把销售额的增长作为常用的主攻任务指标，把销售费用占比作为防守任务指标。一方面，企业希望销售人员拼命开拓市场，提升销售额，另一方面，企业又不允许他们为了完成单纯的数字指标而消耗过多的公司资源。如果一个销售人员完成了1000万的销售额，但他的销售费用花掉了900万，那么公司的实际毛利只有100万，这样的投入产出比自然是不被企业所允许的。所以我们说增量绩效法是以攻为主、攻守兼备的，掌握增量绩效法的企业俨然一位武林高手，只要你愿意就能发起主动进攻，增量绩效法就像是独孤九剑，专门寻找对手的破绽，思虑在前，出手在先。

第三个层面，增量绩效法是尊重人性和常识的。

在这个话题展开之前，我们需要搞清楚，企业中的人到底想要什么？要美好的梦想？要，因为没有美好的梦想，人们会失去方向。要愿景使命？要，因为没有愿景使命，人们很难会为可能获得的成就赋予意义。要尽职尽责？要，因为没有责任和敬业，企业难以形成有凝聚力的群体。但不可否认的一个事实是，上面的这些都要基于一个事实，那就是企业中的员工都需要面对一个现实问题——如何生存。

华为对这一问题给出的答案非常简单直接。2016年8月10日，任正非在诺亚方舟实验室座谈会上讲："什么是人才，我看最典型的华为人都不是人才，钱给多了，不是人才也变成了人才。"

作为企业经营者，无论你愿意不愿意承认，这个现实问题就在那里，不会消失。面对这个问题，企业经营者会有两种不同的处理方式，一种方式是漠视或者极力掩饰，用梦想、愿景使命、责任感等引导员工，企图用情怀的力量感化员工；另一种方式是顺应现实，坦然面对，甚至主动将员工引向对利益的争取上去，从而激发人内心最基本的渴望。

采用后一种方式的企业往往会将员工的需求提炼成站在员工角度思考的一些问题：

- 不赚钱我来干什么？
- 赚钱不多，不过也不怎么辛苦？
- 不能赚更多的钱，我还待在这干什么？
- 赚了大钱之后，好像我还能做更多的事情？
- 这家公司哪些地方还值得我留恋？
- 我的内心总还是希望公司越来越好（赚更多钱、有更高的地位、有身份有面子）。

承认员工追求利益的正当性，正大光明地研究如何让企业获利的同时也让员工获利，勇于用利益共同体而不是事业共同体甚至命运共同体来要求员工，反而会使员工更理解企业经营的处境，可以平心静气地决定自己是选择当前利益还是选择与企业的长期共守。这样的做法才是尊重人性、尊重常识的。

回到对人性和常识的解读上来。战略咨询专家王志纲曾说："公平与效率之争，是人类社会几千年来一直在探索的问题。"纵观近代史上的成与败、兴与衰、发展与停滞，其实归根结底都是公平优先还是效率优先的问题。尊重人性和常识运用到国家治理上，秦国才能够做到全民奋力耕战，让秦国由弱小变得强大，最终统一天下。新时期的中国和中国人迸发出巨大的能量和潜力，让中国重新崛起。尊重人性和常识，将其运用到企业管理上，华为才有了近20年的业绩稳步增长，营收从一千多亿人民币增长到一千多亿美元，净利润从不足80亿人民币提升到将近600亿人民币。华为没有大肆并购扩张，没有大手笔资本运作，只有"力出一孔，利出一孔"的踏实奋斗。

当然，我们也要看清楚增量绩效法的局限，要认识到增量绩效法不是万能药，不能包治百病。增量绩效法解决的不是战略层面的问题，更不是愿景使命层面的问题，而是策略和战术层面的问题。因此，增量绩效法只能为实现公司的战略提供相对有效的策略支持，从这个角度说，增量绩效法可以成为职业经理人手上的利器，而不是企业经营者做战略决策的法宝。

回到老邱的故事。老邱用增量绩效法推动经营管理的变革，并且取得了一定的进展，让老邱的老板看到了一点希望。不过事情不会像故事一样简单，老邱在推动这些管理举措时一定会遇到一系列的问题，比如目标选择、各个部门的配合、参与项目人员的动员、人员激励等，甚至和老邱一起打仗的队伍在这个过程中也可能会出现问题。老邱的前途是光明的，道路是曲折的。

关于增量绩效法，还有两个问题，经常被提及。这两个问题是：增量绩效法用到极致是什么样子？增量绩效法被企业掌握之后老板还可以做什么（这个问法基本来自老板）？

其实，我们也想知道增量绩效法用到极致会是什么样子。到目前为止，在笔者的经历以及其他伙伴的实践中，增量绩效法的玩法层出不穷，取得的效果也各有千秋。

我们通过一些实例，列举下增量绩效法推行的五宗"最"。

第一宗，最规矩的用法，有年度业绩同比增长翻番的，增长幅度最低的也得有20%。大部分企业都会选择最规矩的用法。有一个朋友是某家国企的老总，他们公司每年的人力成本包几乎是固定的（每年可以有3%的总量增长），如何通过仅有的腾挪空间激发员工的工作激情是一个非常大的挑战。我们把这种情况称作"戴着铁链舞蹈"。2019年，他尝试性地使用了增量绩效法，在敲定目标任务书之前，他与两位管理层的老总和集团签了一个对赌协议——如果2019年年度业绩实现30%以上的增长，那么他们的人力成本包可以同比例增长，如果挑战失败，这三位打包在一起的老总年终奖一分钱不拿。这位朋友精心设计了每个人的任务书，一年之中他召开了四百多场会议，光会议纪要就有八万多字，几乎都是问题的提出和解决方案。一年下来，他们的业绩增长达到了34%，他们增加人力成本包的愿望也得以实现。

第二宗，最刺激的用法。很多企业都会涌现出非常顶级的金牌销售，他们的业绩数字可以用"一骑绝尘"来形容。2020年，我们公司的一位销售总监的年度销售提成可以拿到几十万，除了提成之外，按照增量绩效法的约定，公司又奖励给他一辆特斯拉model Y，还是海外版的。有人也许会说，甚至这些金牌销售自己也会说，他们的业绩很大程度上是靠运气——毕竟很多行业的销售都有大小年或者类似"金三银四"的季节性规律，但实际上，企业和员工都不可能有长时间的运气，一定程度上来说，运气也是一种能力。

第三宗，最灵活的用法。有一家企业将学习型组织、积分制和增量绩效法结合，每个季度设置一个积分点，对在线学习学分、课程输出情况、课程受欢迎情况、软件著作权贡献情况、技术总结输出情况等积分点进行统计，连续两年设置增量指标，评选出公司的学习大使。

第四宗，最奇特的用法。有一家单位变通地采用了增量绩效法，把目标的区间分得更多，作为中位线的指标居中，超过中位线的部分设置了三级考核—激励区间，低于中位线的部分也设置了三级考核—问责区间。他们还给这种方法取了一个响当当的名字——飞镖靶。

第五宗，最失败的用法。有一个朋友是开餐厅的，他把增量绩效法引进到餐厅管理上去。半年下来，生意越来越差（一部分是疫情影响），口碑评分由原来的4.9下降到4.3。原来，他把成本的有效减少作为增量绩效的主攻指标，结果餐厅领班忙着减人，行政总厨忙着谈成本更低的菜场，菜品和服务质量直线下降。

至于增量绩效法被企业掌握之后老板还可以做什么，这个问题的答案就非常丰富了。第一，增量绩效法被企业用到极致应该会在开源节流方面做到很优秀、高效，人均产出会比较高，在同行业竞争中处于比较理想的位置，甚至达到全球领先的高度也不是不可能。第二，无论中小企业的老板，还是大型企业的老板，可能都会有同一个渴望，那就是从背负企业前行的重任上撤下来，做回普通人。企业的规模越大、地位越高，老板的这种渴望就越强烈。任正非也多次流露出这样的心态，无论是在《我的父亲母亲》中，还是面对媒体的采访中。2020年3月24日，在接受《南华早报》采访时，他就倾吐了自己的心声："我希望是'忘了家'，希望大家把我忘了。"

我们不用《围城》式的逻辑来说事，我们用林苍生先生的逻辑来说事。作为台湾统一集团的老总，林先生在前些年写了一本书，叫《随便想想》，累积入世几十年的思索，分享一个企业家如何安顿自己的身心，对工作与生活的平衡进行后现代式的反思:"我们就追问一个问题,什么是普普通通的人呢?把工作变成乐趣,把竞争变成游戏,把社会当作家庭,把世界看作花园,把月亮当成朋友,把清风穿做服饰,视清水为琼浆……"

林苍生先生和任正非先生是同龄人(林先生比任先生年长一岁),都是同样具有全球格局的企业家,他们的感触如此雷同,也许能够带给我们一些超脱事功的智慧吧。

第 2 章

增量绩效法的基本认识

他为什么还是要走

强哥是我[一]的老朋友了,他是一家外贸公司的老板,他的公司有六十多个员工,生意好的时候一年能创造三四个亿的营收。2020 年因为新冠肺炎疫情的缘故,生意变差了,有些问题慢慢凸显出来。正好那个时候我们经常见面,于是强哥给我讲了一个让他迷惑不解的故事。

小刘是强哥公司的商务副经理,从大学毕业就开始跟着强哥干。原本商务的事情都是强哥自己兼着,毕竟商务的重要性高,交给别人不放心。五六年下来,小刘的人品和能力都经受住了考验,强哥就慢慢地把商务的工作交给小刘去做。现在小刘虽然是商务副经理,但其实就是商务的一把手,一些不是十分重要紧急的事情都是小刘决定,强哥不怎么操心。

[一] 此处的"我"是本书作者张明。

出人意料的是，2019 年上半年，小刘动了离职的念头。强哥了解到，原来小刘的老婆得了产后抑郁症，小刘需要更多地照顾家里，经济压力也变得更大。得知小刘的情况后，强哥出手果断，先借给小刘几万块钱应急，然后又给小刘加薪。就这样，小刘暂时断了离职的念头。

强哥以为小刘可以从此安定下来了，谁知，今年 3 月，事情又起了变化。整整一个月，强哥因为小刘的事情搞得心力交瘁。这个"黑色 3 月"的故事，总的来说可以分为四个回合。

回合一：

小刘的诉求：他家里的情况没有好转，恰好有一家电商大厂来挖他。

强哥的举措：给小刘又加了一次工资，额度用小刘自己的话说"已经很给力"。

效果：小刘安稳了几天。

回合二：

小刘的诉求：他还是想到电商大厂去锻炼一下，这样眼界才能更广阔。而且，这几年强哥给的目标太高，自己的能力不够，达不到强哥的要求。家里人也支持他。

强哥的举措：给小刘一批股份，毕竟小刘也是公司的元老，应该分享公司发展的红利，看来强哥经常去上一些老板管理提升班、总裁激励课程还是有作用的。

效果：小刘表示了衷心的感谢，安稳了几天。

回合三：

小刘的诉求：他感觉自己在管理部门、凝聚小团队共识方面做得太差，尽心尽力也不能让大家稳定发展。商务部两周之内被电商大厂挖走了两个骨干，小刘很沮丧。他感到非常对不起强哥，辜负了强哥的信任和投入。因为自己缺乏系统化的管理学习，管理天花板明显,所以还是想去电商大厂历练一下。

强哥的举措:按照团队激励的方法,将提成与业绩挂钩,作为团队奖金包,让小刘作为团队负责人负责分配。

效果:小刘替团队表达了衷心的感谢,又稳定了几天。

回合四:

小刘的诉求:他好好想了想,这些年一直在强哥的公司,总有些倦怠,而且个人能力提升也明显出现了瓶颈,团队兄弟们也感觉工作缺乏干劲。他希望强哥同意他离职,千万不要再挽留自己,去年没有发的奖金他也不好意思再要了。如果强哥还是挽留,他也研究过相关法律,但兄弟之间最好不要搞得那么僵。

强哥的举措:……

效果:小刘已经在办理交接,陪家人散心,一个月后到新的单位报到。

强哥感到很心凉、很困惑、很失败:我都做到这个程度了,他为什么执意要走呢?

为什么强哥一再挽留,小刘还是要走?现在,就让我们撸起袖子,和强哥一起寻找问题的根源。

2.1 什么是增量绩效

要谈增量绩效,首先需要谈一下我们可能遇到什么样的问题。一般情况下,我们在企业经营中会碰到以下问题:

- 对业务提高没有信心;
- 没有信心的主要原因是没有方法和路径;

- 分不清楚是谁创造了价值；
- 无法衡量谁创造的价值更高；
- 想要改变，但既有格局不好改变；
- （员工）做出了贡献却没有得到应得的收益；
- （员工）碰到了一个最"小气"的老板；
- （员工）做好做坏一个样，那还不如不要拼命；

……

这些问题几乎是我们天天都要面对的问题，如果继续列举下去，恐怕永远也没有尽头。万变不离其宗，无论什么行业、什么规模、什么发展阶段的企业，经营管理者都不可避免地要回答四个问题。

- 怎么挣钱：挣谁的钱，怎么持续挣钱，怎么在和客户一起挣钱的同时让客户满意？
- 怎么花钱：钱应该花在哪里，是技术、产品、能力还是管理？
- 怎么分钱：钱分给谁，分给增量、贡献、核心人员还是文化诠释？
- 以思考怎么分钱激发对怎么挣钱、怎么花钱的思考。

增量绩效是帮助经营管理者回答好这几个问题的有效方法。

2.1.1 增量绩效的构成要素

理解增量绩效可以从它的构成要素展开来说。

第一个要素是"增"。

企业目标和个人目标达到一致，企业的发展才能"远期可期，近期可聚"。要达到两者的一致，最为有效和便捷的方式就是获取增量。

如表 2-1 所示，A 公司的年度经营分析数据显示，该公司的几项重要指标都处于增长状态，实际完成新增贡献毛利增速最快，其次是研发投入，再次是公司新增贡献毛利目标，增长最慢的是月度平均人数。这些数字会给人带来非常直观的感受：这家公司近两年的业绩表现不错，而且有较好的发展预期。增长率给市场、公司带来的信心和可期待的收益是最有说服力的。

表 2-1 A 公司年度经营分析报告主要指标（局部）

重要指标	2020 年度	2019 年度	增长率
公司新增贡献毛利目标（万元）	50 000	35 000	42.9%
实际完成新增贡献毛利（万元）	42 571	27 332	55.8%
交付实现税前毛利（万元）	26 014	20 019	29.9%
研发投入（万元）	4800	3300	45.5%
月度平均人数（人）	920	770	19.5%

第二个要素是"量"。

这一要素的关键在于两点，一是可以量化，一个是要有足够的量。量化是企业经营管理的基础，对于企业管理而言，再怎么强调量化的重要性都不足为过。正如比尔·盖茨所说："任何事情，如果你不能量化它，就不能真正理解它，如果你不能真正理解它，就不能真正控制它，如果你不能真正控制它，就不能真正改变它！"

多年前，笔者在广州听中国量化管理创始人、夸克（中国）董事长王磊先生的量化管理课程时就非常感慨，量化居然有那么大的力量能够风靡江湖，后来在工作中更是越来越感受到量化的意义和威力。华为是量化管理的典范，华为大学非常重视企业经营数据要项的分拆与分析，参加课程的学员无论是做财务的、做销售的，还是做供应链的、做项目管理的，甚至是做行政管理的都要接受系统、反复的培训，并且参加严格的考试。一系列的操作无非是想让所有一线员工都具备量化的思维，脑袋里时时刻刻都能算账、都会算账，将经营效率提升的电波快速传递到神经末梢，指挥每一个细小动作。

"量"的另一面是量的多少、量是否足够。我们可以设想这样一个场景，一家公司有上百名员工，员工们每天辛辛苦苦、拼命干活，到了年底，老板却说只有一万块钱的奖金可以发，这时员工们会有什么反应？还会继续为公司奋斗吗？"一个鸡蛋打到长江里，全国人民喝鸡蛋汤"一定不是增量绩效管理想要的结果。当然，量的多少也需要考虑组织是否可以承受。还是以一家上百人的公司为例，一万块的奖金的确太少，但让老板砸锅卖铁给员工发奖金也不现实。

第三个要素是"驱动"。

增量绩效要达到驱动的效果，能刺激、推动大家向着目标前进。实现这样的目标需要有足够的力量让大家去冲，这就要求我们制定的办法能够形成巨大的张力，能由内而外地激发人内心的渴望。

当然，拿不到结果的执行是徒劳无功的。在华为式逻辑里，只有胜利才是值得称道的。2019年3月29日，任正非在电信软件改革表彰大会上的讲话就透露了这样的价值观："胜利是我们的奋斗目标，任何艰难困苦都不能阻挡我们前进的步伐。当前我们面对美国的压力……公司内部正在松散，奋斗的意志正在衰退的时候，是外部压力激发我们内部加强了密度、巩固了团结。我们决不能妥协，一定要胜利，除了胜利，我们没有其他路可以走。"

那么，胜利是什么？胜利是有利润的增长，是有现金流的利润，是踏踏实实为客户服务。

理解了增量绩效的构成要素之后，我们可以给增量绩效法下一个定义：增量绩效法是一种提升业绩的理念和方法，它可以激发组织与个体的企求（分奖金、升级、加工资），让欲望产生动力，把动力变成结果，将收益与结果挂钩，实现组织和个人双赢，夺取企业经营的胜利。

2.1.2 增量绩效的主要概念

以增量绩效为核心逻辑建立起来的管理体系冲击到人力资源管理的各个领域，形成了一批新的概念。其中主要的几个概念有：

1. 增量绩效管理

增量绩效管理是将企业的战略规划、目标和商业模式、预算与核算、组织绩效、个人增量绩效、经营分析及预警有效衔接为一体的一整套方法，也是一种支撑 IPD⊖ 落地和包含战略解码、路径分析和内部绩效的管理机制。它要求寻找优质客户，寻找增量，在技术和产品平台的基础上面向细分优质客户开发有卖点的产品；通过科学配置资源，控制费效比，鼓励增量并保证产品线核心员工的能力与个人收入同步匹配和提升，实现产出单元的效能提升。⊜

2. KCP 特别激励

KCP（Key Control Point，关键控制点）体现在组织管理中是指为达成目标在关键流程和环节上设置的控制点。比如，我们经常把采购管理职能中的比价作为费用节减的 KCP，把人均招聘费用作为招聘投入产出比的 KCP，把参加外部培训的人员内训转化率作为提升培训效果的 KCP，等等。

⊖ IPD，即集成产品开发（Integrated Product Development），是一套产品开发的模式、理念与方法。

⊜ 周辉. 增量绩效管理——构建以产品为核心、基于增量产出的管理体系 [M]. 北京：电子工业出版社，2019.

3. 增量薪酬福利

增量绩效管理的结果体现在薪酬福利体系中就是增量薪酬福利，具体包括业绩增量、KCP 特别激励等开源型增量以及费用节减、成本控制、流程优化、效能提升等节流型增量带来的可转换的薪酬与福利。一般包括增量薪酬、增量福利以及中长期激励。比如，B 公司 2021 年度因为公司净利润增长超过目标，公司商定多发一个月薪资作为补充年终奖，并且 2022 年春节福利增加了 50% 的预算，这些就属于增量薪酬福利的范畴。再比如，华为终端 2015 年发了两次年终奖，其中就有增量薪酬的考虑成分。

4. 增量激励包

增量激励包是增量薪酬的一个部分，一般情况下由工资包结余与费用包结余生成。比如，某部门 2021 年人力成本的预算包没有用完，而该部门 2021 年的组织绩效表现突出，组织效能提升明显，在用人更少的情况下取得了更好的业绩，公司议定将该部门 2021 年人力资源成本预算包结余部分的 20% 拿出来作为该部门的激励包，至于是增加新的编制还是将激励包中的钱用来给老员工加薪、发奖金，则由部门商议决定。这里预算包结余部分的 20% 就是增量激励包。

再比如，某公司培训中心 2021 年的培训预算因为培训运营工作做得更高效（更多地使用了免费资源、和供应商谈了更好的合作条款等），以及讲师团队的艰苦奋斗、超常发挥（讲师们开发了更多的课程、做了更多场次的培训等）而出现了部分结余，公司经过议定，将培训预算结余部分的 50% 作为特殊奖金，分给了培训中心的全体人员。这一部分也属于增量激励包。

5. 开放式预算

开放式预算不同于传统预算①，它是公司按毛利设计一个费用比例，根据比例决定费用包。开放式预算的原理是：预算是开放的，规定投入产出比，按照比例与实际完成的任务进行预算，前三个月的预算是预设的，从第四个月开始，实际完成任务与比例挂钩，完成任务越好，毛利越多，可以支配的费用越多；由于开放式预算要确定费用比例，因此公司要对费用包进行分类；按增量进行核算，增量越多，核算费用包越大。

做一个形象一点的比喻，做预算就像分蛋糕。只限定切蛋糕的角度，不设定蛋糕的边缘，这是开放式预算。设定了蛋糕的边缘，还称出了蛋糕的重量，这是传统预算。开放式预算适用于业务相对不成熟的组织，以及根据增量绩效理念设计的预算体系。

6. 开关指标

顾名思义，开关的作用是"把门的"，有入场券的可以进门，没有入场券的请离开。开关指标就是起到这种作用的一种指标，也可以理解为门槛指标、敲门砖指标。从这个角度说，公司盈利是有没有年终奖的开关指标。当然，也有可能公司盈利了，但依然没有年终奖发，这有可能是因为公司有战略投入的需求，还有可能是因为公司有一位小气的老板。反过来说，更多的情况是公司没有盈利（亏损），但年终奖还是要发，因为公司要借年终奖来鼓舞士气、维系人心。

我们可以通过实际案例来理解开关指标。比如，C公司在2021年年初定下了一个规矩，如果2021年全年人均销售额超过300万，年底就发双薪作为奖金。C公司的人均销售额300万就是开关指标。再比如，某

---

① 传统预算通常是按部门进行，费用固定，不允许超出或有大量的存量。

单位人力资源部为了抓住"金三银四"的契机，2月底给招聘团队下了一项任务：3月平均每天都要有有效offer（录用通知）发出，全月保证发出31个有效offer，4月进行检核，如果达到以上目标，招聘团队的第一季度绩效将会达到A的水准。该部门3月的有效offer总数31个就是招聘团队拿高绩效的开关指标。

7. 防火墙指标

防火墙是用来防止火势蔓延的，同理，防火墙指标是为了规避管理风险的。企业管理的风险防控是一项系统工程，我们用华为式逻辑选择一两点来说明。第一，价值分配不能透支价值创造，直白点说，分掉的钱不能超过可以分掉的钱。第二，价值分配不能损害公司经营的底线，直白点说，有些钱不能分，比如采购部门拿到的供应商的回扣。

举例来说，有些公司设置了一些全体员工都不能触碰的底线，广义上说这些底线就是公司经营管理的防火墙指标，如表2-2所示。

表2-2　A公司员工管理"底线十条"

	A公司员工管理底线
1	倒卖公司独有的商业机密、技术秘密
2	工作期间，同时受雇于竞争对手的公司，或成为竞争对手的合作者，并从竞争对手处领取报酬
3	贪污、挪用公款
4	私刻印章，出具非法证明
5	伪造票据，违规套现
6	以各种形式向客户或供应商暗示或索取有价值的馈赠或现金
7	代理公司允许业务范围之外的产品
8	诋毁公司形象
9	触犯国家相关法律
10	反党，反社会

再比如，某公司在销售管理办法中规定，员工在签订销售合同后推动收款，收款到达一定比例的时候开始提成。收款比例的这一限制可以算作开关指标，因为只有到了这个比例，提成才开始生效、兑现。同时，该公司还规定如果一张订单在交付完成之后一年内回款比例没有达到90%，那么销售的提成不能超过80%。年度总回款比例90%的要求就是防火墙指标。

8. 其他管理概念

比如战略定力，是指为保证战略实现而保持的坚守力度。通俗一点讲，铁杵磨成针是故事里老奶奶的战略定力，守株待兔是故事里农夫的战略定力。再比如经营清醒，是指清楚地知悉要实现战略而在经营中选择的方向与策略。比如几乎任何一位企业经营者都要求企业的业绩每年按照一定比例的增长速度，以此来壮大企业。

增量绩效带给企业经营管理的新概念还有很多，需要我们在实践中去积累、提炼和创造。接下来，我们将跳出增量绩效的定义来看整个增量绩效管理体系，对其进行进一步阐述加深理解。

2.1.3 增量绩效法的潜在效果

增量绩效法是一套打通战略目标、商业模式、预算核算、多层绩效、个人诉求的朴实方法。在增量绩效法的各种玩法中，"高大上"的战略目标和看起来非常遥远的商业模式会生动具体地体现在一个员工的绩效考核表中体现。

比如，某饮料公司开发了一个新品种，该品种对于2021年的市场竞争非常重要的战略意义。用了增量绩效法之后，我们会看到，一个普通销售只要卖出去一瓶这样的饮料，就能获得不同于其他普通类型饮料的高提成，如表 2-3 所示。这种做法是利用了增量绩效法中的"无差别产品激励"法则。

表 2-3 某公司无差别产品激励办法（局部）

生成条件	收到项目第一笔款
奖励额度	网格化××：每卖一套 0.9 万
	综合××产品：每卖一套 0.7 万
	智慧××：每卖一套 0.6 万
	可视化××：每卖一套 1.2 万
	××信息平台：每卖一套 0.3 万
	××调度平台：每卖一套 0.8 万
	××互联网平台：每卖一套 1.2 万

之所以说增量绩效法是朴实的方法，一方面是因为，从操作的角度，对于一线员工而言，越是简单，越是有效；另一方面是因为，这种方法不受行业甚至岗位的限制。

增量绩效法是一条向业绩增长要效益的可靠路径。增量绩效的指向是增长后的业绩，瓜分的是增长之后的效益。它可以将"打猎"和"分肉"之间的距离缩到最短。之所以能缩到最短，一方面是因为目标的设置和收益的分配往往指向的是同一个事物。"打猎"抢到的是猎物，回头分的也是猎物，不需要再进行转换。这种模式可以让执行者本人变成运营者，每个人都能主动地给自己算账，尽量减少干扰最终受益的因素。这样的边际效应使得管理和运营效能不断优化。这就像我们经营了一座金矿，淘金者淘到的金子中，有一部分就是他们的最终收益，不需要转化，这种模式的可靠程度是相当高的。

增量绩效法是一种激活组织、激活个体的有效机制。增量绩效法首先驱动的是个体，继而驱动团队。我们曾经提过，增量绩效的理念与思路可以破解个体与个体所在的团队之间的零和博弈，让个体的视线从内向性博弈转向外向性博弈，从而实现个体和组织在业绩、收益上的双赢。

我们从某股份公司使用增量绩效法之后获得特别奖的员工和团队数量变化规律中就可以发现，个人特别奖和团队特别奖都呈现增长趋势，个体和团队在增量绩效的激发下实现了双赢，如图2-1所示。

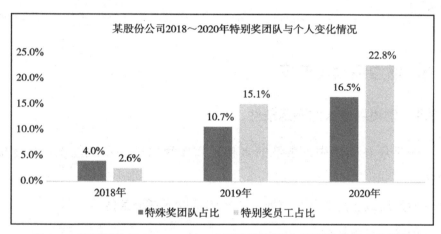

图 2-1 某股份公司 2018～2020 年特别奖团队与特别奖员工变化情况

回到强哥和小刘的故事，我们再用增量绩效法的思路和框架来对强哥挽留小刘的四个回合进行重新审视。

回合一，强哥给小刘加薪了，这种加薪方式停留在基本收入部分。小刘的基本收入提升了，一清二楚，干净清澈，是一种简单的增加，还算不上增量绩效法的"增量"。

回合二，强哥非常大方，给小刘分了股份，让小刘享受公司发展的红利。在这一回合，强哥用到了增量薪酬福利中的中长期激励。

回合三，强哥扩大了增量的作用范围，用业绩挂钩计算提成，让小刘团队分享增量激励包，增量驱动由单一动作变成了一套组合拳，而且还借机提供了激发小刘提高团队管理水平的契机，增量驱动的水平明显又上了一个台阶。

回合四,没有哪一点可以为强哥点赞,眼看强哥要败下阵来。

可见,单纯地套用增量绩效法的框架并不能面对错综复杂的问题,深挖增量绩效背后的规律才是走向尊重常识、运用常识、成为高手的必经之路。

2.2 增量绩效正循环

2.2.1 增量绩效法的满足条件

强哥还在困惑中,事情的真相还需要我们进一步抽丝剥茧后才能发现。

增量绩效法想要行之有效,必须满足以下三个条件:

条件一:激发度

设定的目标必须能够激发个人以及组织的要性,我们把这个条件定义为"激发度"。

不痛不痒的目标设定意义不大,设定的目标以及可能带来的收益要让人觉得"给力"。如果想让一头狼拼命奔跑,最好的方法就是在前面放上一只肥美的猎物。如果小偷知道面前的保险柜里只有一块钱,恐怕他会转身就走。

我们工作中也会遇到很多和激发度相关的工作场景,比如经常困扰人力资源部的考勤问题,这个问题堪称公司和员工之间博弈的典型场景,明明颁布了规章制度,规定中明明白白地写着"严禁迟到、早退、旷工,违者罚款××元""无故旷工三天以上,公司有权解除和员工的劳动关系"等,但实际效果不尽如人意,员工还是会找人代打卡,还是会迟到早退，每个月的考勤异常偶尔会降下来一点，但往往没多久又反弹上去。

为什么效果不理想？仔细分析，无外乎有几种可能。第一种可能是，公司的规定没有得到执行，鞭子扬起来了，没有打下去。这一点我们在条件三中还会进行阐述。第二种可能是，公司的规定只停留在制度层面，没有层层推动到各级管理者。管理效果的显现靠的是推动管理者，去管理到神经末梢，这样才能驱动每个单元去行动，中间的这些管理动作是需要层层传递的，单纯靠大家的自觉是不可能落地的。我们部门的做法是，如果每个月有三次及以上的考勤异常（包括迟到、早退、旷工），违反制度的同事要请部门全体喝咖啡，部门负责人也不例外，大家互相监督，效果非常好。第三种可能是，只是用了负激励的方式来约束员工，没有用正激励的方式鼓励员工，比如设置全勤奖。即使从成本的角度来看，全勤奖也未必会增加多大的成本。

条件二：合理度

设定的目标必须是合理的。我们把这个条件定义为"合理度"。"合理"有两层含义，第一层含义是既能够满足个体需求，又能够满足组织需求。不能牺牲组织利益来满足个人需求，损公肥私要不得，也不能牺牲个人利益来满足组织需求，让大家做活雷锋也要不得。第二层含义是既能够满足当前需求，又能够满足长远需求。不能牺牲长远利益来满足当前需求，竭泽而渔要不得，也不能牺牲当前利益来满足长远需求，牺牲一代人成就后来者的做法也要不得。

合理度会体现在企业管理的各种指标、各个细节上。我们可以给合理度设定一个上下限，上限是企业能够接受的底线，过了这个底线，公司会受不了，老板会受不了。比如奖励企业的"十佳"员工，不管员工多么优秀，多么奉献，要公司奖给他一套上海的房子恐怕十有八九不可能，公司受不了。下限是员工能够接受的底线，过了这个底线，起不到激励效果。还是以奖励企业"十佳"员工为例，公司给"十佳"员工每人发一张盖了公司红章的奖状，外加一朵小红花，设想一下员工会有什么感觉。

条件三：兑现度

设定的目标必须是能够兑现的，我们把这个条件定义为"兑现度"。目标是激动人心的，是科学合理的，但如果不能兑现，再激动人心、再科学合理都没有意义。不仅如此，如果定下的目标没有兑现，还可能导致组织与个人之间的失信，久而久之会影响到企业的信誉。信誉不好的企业，指令很难得到切实的贯彻。

我们用三个例子来说明兑现度。第一个例子是商鞅变法中的徙木立信，是正面的典范。在实施变法前，商鞅为了取得老百姓的信任，在城门外立了一根木杆，说只要有人能将木杆搬到指定位置就授予五十金。有人做到了，商鞅就兑现了承诺。轻松搬动木杆值不值五十金、商鞅这么做傻不傻不是事情的关键，关键是这样做了之后老百姓会相信官府，对后续变法条款的落地有很大的助力。徙木立信的效果在孙皓晖的历史小说《大秦帝国》中还有更戏剧化的后尾效应——搬动杆子的那位年轻人后来成为秦军的大将，成了秦国的英雄。

第二个例子是反面的例子，出自《郁离子》。济阴有一个商人过河时船沉了，他抓住草席大声呼救，有一个渔夫闻声而至。商人急忙喊："我是济阴的富翁，你若能救我，给你100两金子。"然而，被救上岸后，商人翻脸不认人，只给了渔夫10两金子。渔夫责怪他不守信、出尔反尔，商人说："你一个打鱼的，一辈子都挣不了几个钱，突然得10两金子还不满足吗？"渔夫只得怏怏而去。不料，后来商人再一次翻船了，而那个曾被他骗过的渔夫也在场。有人问渔夫:"为什么不去救他呢?"渔夫说:"他就是那个不守信的人!"渔夫选择了袖手旁观,商人淹死了。

第三个例子是华为的例子。华为从以往三十多年的实践中不断咀嚼、反复提炼,找寻应对未来变化与挑战、在继承中发展的秘诀,最终提出"基于信任"才能简化管理体系,要把信任作为组织氛围营造的第一要务。而要建立企业内部的信任关系,兑现度必不可少。由此,我们构建了增量绩效正循环,如图 2-2 所示。

图 2-2　增量绩效正循环

激发度、合理度、兑现度构成增量绩效正循环。反过来,也可以构建增量绩效负循环——反激发度、不合理度、失信度(大家也可以自己定义)。符合这三个维度的措施将会进入增量绩效正循环:合理的、较高的目标—目标实现—个人与组织双赢—更高的合理目标制定—目标再次实现—个人与组织继续双赢,以此循环往复,(在企业生命周期中)无穷尽也。

激发度、合理度、兑现度三要素的关系是环环相扣、互相补充、缺一不可的。激发度是启动要素,没有激发度,就缺乏原动力。合理度保证企业的稳健发展和组织活力的平衡。如果把控不好合理度,企业发展可能会跌跌撞撞,无法持久。兑现度是非常重要的一环,它是上一个循环的终结，又是下一个循环的开端。如果说激发度和合理度合伙用砖石砌成了地基，兑现度则用重锤对地基反复做了夯实。

从激发度、合理度和兑现度的角度，我们可以对强哥和小刘的四个回合再进行分析。

回合一，小刘提出的是单纯的增加收入的需求。强哥的举措有一定的激发度（严格意义上来说没有将业绩增长和小刘的收益进行更直接的挂钩），合理度尚可，兑现度貌似没有多少涉及（毕竟月发工资中就能看到）。

回合二，小刘提出了想要根据公司总体发展进行收益分配的需求，同时也给出了对公司科学管理（目标制定问题）的建议。强哥的举措有足够的激发度，合理度也尚可（假定强哥给小刘的额度是合适的），兑现度有待考察。

回合三，小刘提出的是提升领导和团队管理能力的需求，从本质上来说，这是要从单纯的小股东（第二个回合达成的目标）转入以股东身份匹配管理权限的需求。强哥的举措有足够的激发度，合理度也尚可，兑现度有待考察。

回合四，是小刘和强哥决绝的一个回合。前三个回合有待考察的点，可能就是让小刘毅然决然离开的原因。

为了解开谜团，后来，我问了强哥几个问题："在公司员工尤其是小刘心目中，你是不是个大方的老板？在面对员工的时候，你是不是守信用的老板？有没有这么一件具有代表意义的事情，你承诺给员工什么，最后却左推右挡，想尽办法，找尽理由，没有兑现？"

果然，这几个问题揭晓了问题的答案。强哥谈到，他私下里听到员工议论过，说他是一个抠门的老板。员工们还举了一些实例，比如强哥规定如果出差时有客户宴请,每天 30 块钱的午餐补贴就要取消。他们觉得强哥实在是太抠了,30 块钱出差补贴原本就不高,去一趟北京吃碗牛肉面还要贴 20 块钱。另外,强哥为了鼓舞士气也画过一些大饼,最后却没有兑现承诺。比如 1 月份发年终奖的时候,按照提成的规定,老金可以提成好几十万,但强哥以"自己动用了领导关系"为由,把老金的提成扣掉了一大半。老金当时没说什么,但 2 月初就跟强哥提了离职。据说老金离职之后私底下和一帮兄弟们喝了好几顿酒,强哥也没当回事。

当组织因为兑现度不高而失信于个人时,组织对个人(哪怕不是当事人)做出的承诺就不会再有效力。激发度和合理度在兑现度这里栽了跟头,由激发度和合理度构建的地基,被猜忌、不信任的妖风成功摧毁。如果决策者是个团队,这个团队将会被员工贴上"失信人联盟"的标签,如果决策者是老板个人,老板会被员工贴上"不靠谱"的标签,连老板的人品都会被怀疑。

2.2.2 增量绩效正循环的构建

如何构建增量绩效正循环,才不会陷入强哥的困境?我们从以下三个方面进行考虑。

1. 设立务实的目标

目标制定需要考虑诸多要素。我们以华为作为样本进行简单分析。

要素一:行业发展规律与成熟度。

从华为 2010 年至 2020 年上半年这十多年间各 BU(业务单元)的业绩增长情况,可以看出行业的发展规律和成熟度,如表 2-4 所示。运营商业务(对应通信设备类型的业务)增长相对平稳,增速变化不大,行业发展趋于相对成熟；消费者业务（对应手机、电脑等终端业务）发展相对快速，增速变化较大，行业发展成熟度仍然有一定的空间；企业业务（对应企业网、华为云等业务）发展最为快速，增速变化最大，行业发展相对不成熟，有较大的行业竞争空间。

表 2-4　华为 2010～2020 年上半年各 BU 业务增长情况

年份	运营商业务（亿元）	企业业务（亿元）	消费者业务（亿元）	其他（亿元）	合计（亿元）
2010 年	1458	58	309	—	1825
2011 年	1501	91	446	1	2039
2012 年	1600	115	483	4	2202
2013 年	1665	152	570	13	2400
2014 年	1920	194	751	17	2882
2015 年	2323	276	1291	60	3950
2016 年	2905	406	1798	107	5216
2017 年	2978	550	2372	136	6036
2018 年	2940	744	3488	40	7212
2019 年	2966	897	4673	52	8588
2020 年上半年	1596	363	2558	23	4540

不同发展阶段目标设计的考虑侧重可以参照以下规律，如表 2-5 所示。

表 2-5　企业不同发展阶段目标设计的侧重点

业务产出线	市场发展阶段	收入占比	利润占比	运营资产效率占比
A	一类（成熟）	中	高	低
B	二类（成长）	中	高	中
C	三类（拓展）	高	中	低

要素二：企业能力的变化。

业务变化背后是企业能力的变化。以华为运营商业务为例（见图 2-3），2016～2019 年，运营商业务的发展出现了瓶颈，增长速度放缓，甚至基本趋于停滞，这是因为，当时通信设备制造能力已经到达一个顶峰。

华为分业务收入（亿元）

年份	运营商	消费者业务	企业业务
2011	1501	446	92
2012	1601	484	115
2013	1665	570	152
2014	1921	751	194
2015	2323	1291	276
2016	2906	1798	407
2017	2978	2372	549
2018	2940	3489	744
2019	2967	4673	897

图 2-3　华为分业务收入增长

当然，一家企业的能力不仅是技术能力，还包括战略能力、组织能力、营销能力、运营能力等。企业的综合能力水平在业绩增长、净利润变化等方面会得到直观的展示。

企业能力的有效提升可以作为较大幅度提高业绩目标的重要依据。

要素三：经营管理者的决策。

华为的研发投入情况能够很好地印证华为经营管理者的决策路线。2011～2019 年，华为研发投入的增长比例基本超过营收的增长比例，如图 2-4 所示。截至 2020 年底，华为拥有授权的专利数已经超过 11 万，每年收取的专利费达到上百亿人民币，是一家名副其实的高科技公司。在华为经营管理者眼里，持续的、高额的研发投入是核心竞争力的保障。从这个角度讲，经营管理者决定向哪个方向倾斜资源会影响到公司业绩目标的制定。比如，某公司 2021 年度决定重金收购一家经营状况欠佳的产业链上游公司，那么在制定2021年业绩目标的时候就可能会适度降低增长速度。

图2-4 华为十年营收投入及增长率与研发投入及增长率对比

要素四：外部环境的影响。

外部环境的影响我们用两个例子来说明。一个例子是中美贸易战对华为业绩的影响。美国用芯片卡住华为的脖子，导致华为2020年消费者业务（主要是手机）下滑。2020年，华为消费者业务全年实现销售收入4829.16亿元，同比增长3.3%，相较于2019年的同比增长34%出现了明显下降。另一个例子是2001～2003年华为的"冬天"。当时，3G的牌照迟迟未能颁布，华为没有新货可卖，市场停滞，业绩下滑。根据目前的形势，我们也可以推测，接下来几年华为的业绩目标设定应该会相对保守。由此可见，外部环境会直接影响企业目标的制定。

业绩的完成情况是"后验"，目标的设定是"前置"，两者紧密相关，但又有不同。既定业绩会为后续目标的设置提供依据。既定业绩加上一些要素会构成目标，这些因素包括经营决策者的雄心壮志，包括经营决策者的经营假设，甚至包括他们对下一阶段运气的期盼。这时，一个关于目标设置的问题浮出水面：目标设定是保守一点好还是激进一点好？或者说，目标设定是务实一点好还是浮夸一点好？

以我们的实践情况看，我们更倾向于制定保守、务实的目标，而不是激进、浮夸的目标。

我们从 D 公司近几年的业绩目标与实际完成情况入手，做进一步分析。

从表 2-6 的数据中我们可以看出，近三年 D 公司的销售额目标每年都在增加，三年差不多翻了一番。而实际达成的销售额，每年都有所增长，但增长的幅度非常有限，几乎可以忽略不计。旗子举得很好，兄弟们打得却一般。

表 2-6　D 公司 2018～2020 年业绩目标与实际完成情况

年度	销售额目标（万元）	计划达成目标	实际达成（万元）	实际达成比例
2020	11 000	85%	3410	31%
2019	8000	85%	3360	42%
2018	6000	80%	2700	45%

我们再看下 D 公司制定的计划达成目标，每年都在 80% 以上，是实际能力的两倍，正验证了"理想很饱满，现实很骨感"。理想必须要有，因为还有"万一实现"的可能，但理想和能力之间的差距设置成多少比

较合适，是一个非常关键的问题。

这么说有两个原因，第一个原因正如心理学上的摘苹果实验，如果目标设置得不合理，让员工们跳一跳都够不着，他们就会失去信心。第二个原因，得从公司经营的角度来剖析。目标定得高，理论上来说，资源就要配置得充足，钱就要花得多。领到任务目标之后的各个团队，如果心里知道目标很可能无法达成，在向公司反馈、沟通、争取也没有得到解决的情况下，他们会转而寻求公司预算的支援。如果公司预算能够支持到位，他们可能还会拼一拼。如果预算支持不到位，他们反而找到了任务不能完成的客观理由。这种理由非常充分——你让我完成任务，却没有给我资源，别说"臣妾做不到"，就连"朕"也做不到。

这种情况不能说是员工的责任，很大程度上要归咎于公司决策者的异想天开。因为决策者的如意算盘是"求其上而得其中，目标定得高，就算完不成最高的，也比定得低强"。但员工想的是"定了不切实际的目标，我改变不了，我就拼命要资源。实在完不成，责任也不完全在我"。

目标的"浮夸"可能造成的组织损害、管理损害以及后续可能的"二次伤害"无从计量，无法估量。务实的目标，意义远远不只体现在绩效管理中。

2. 构建空间与形成张力

没有空间就难以形成张力，这就好比在墙缝里开弓。空间是什么？足够大的激励包是空间，足够多的发展机会是空间，足够诱人的奖金额度是空间，足够让人兴奋的学习成长点是空间，甚至足够悬殊的奖惩条款也是空间。有了空间，就可以设置不同的区间，与区间对应的奖惩机制就可以植入。在切分空间和设置机制时，有一个常识将会奠定基本的操作逻辑——任务越重,难度越高,奖励力度就应该越大。反之亦然。

比如,华为在业务战略牵引战略中提出利用各项变革、蓝军机制、破格提拔、拉开差距、战略预备队等人力资源策略来打破平衡,通过新秩序的建立完成熵减,如图 2-5 所示。

构建空间、形成张力的举措一般包括以下几种。

一是业务分级与项目分级。对不同的业务与项目进行分级分类是构建空间和形成张力的开始。很多企业往往忽视这一重要的源头性举措,或者将这个源头性举措仅仅停留在老板自己的意识中。这一举措的背后逻辑是,判断什么样的生意对公司来说是有价值的生意,然后根据不同价值定位,来安排资源配置、问题处理的优先级。某公司就采用等级评定与公司责任等级、公关等级对应表来安排项目的优先级,如表 2-7 所示。

表 2-7 某公司项目等级评定与公司责任等级、公关等级对应表

项目级别	项目价值	公司责任等级	公关等级
S	90 分及以上	s	s
A	80～90 分(含)	a	a
B	70～80 分(含)	b	b
C	70 分及以下	c	c

二是组织设置。基于组织架构图和职能架构,进一步梳理组织的层级,并制定相应的组织设置规则。对于包括集团、分/子公司、支公司等多层级治理结构的中大型企业来说,组织设置规则的作用不言而喻。我们可以参考某集团公司的组织等级管理规定,如表 2-8 所示。

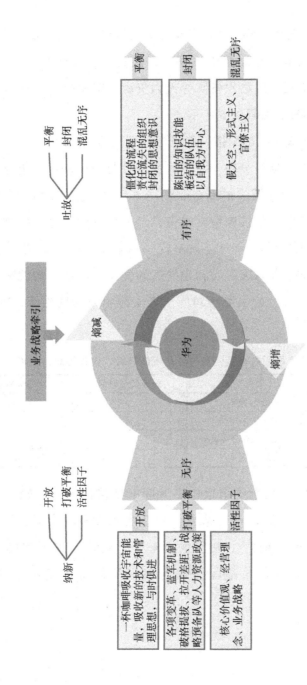

图 2-5 华为的业务战略牵引战略

表 2-8　某集团公司组织等级管理规定（局部）

组织层级	层级代码	人岗规则	
		正职	副职
集团级	G	首席 / 高级副总裁	副总裁
一级	O1	副总裁 / 总经理	副总经理
二级	O2	总经理 / 主任 / 总监	副总经理 / 副主任 / 副总监
三级	O3	经理	副经理
四级	O4	主管	—

有些单位采用系统的组织称重方式进行组织层级的设置，并设计相应的人岗匹配规则，华为就采用了类似做法。

三是干部职务与任用。组织设置规则确定之后，接下来就是确定职务与任命了。一般情况下，员工个人的级别和岗位的级别是对应的，背后的逻辑是"人岗匹配"。但也会存在例外的情况，比如某员工按照个人的职级达不到某岗位的要求，但出于某种原因（比如找不到更合适的候选人，或者原岗位人员有特殊情况）也会将之任用到该岗位，出现"高职低配"的现象。反之，有些管理者的个人职级比较高，但出于某种原因（比如某些岗位非常重要）也会将之任用到该岗位，出现"低职高配"的现象。比如，有些公司的人力资源总监就是由副总裁甚至高级副总裁担任的。

四是专业等级与任职资格。"管理发展"在干部职务与任用上得到了体现，"专业发展"将在专业等级和专业任职资格体系中得到体现。某些有专业特长、又因各种各样的原因不能走管理发展通道的员工，可以在专业领域做到高职级，用华为的说法就是军士长机制，这是借鉴军队的做法，据说美军最高级别的军士长待遇和中将的待遇是同水准的。

五是目标设置与激励体系设计。目标设置与激励体系是企业应用最广泛、效果更直接的机制，也是增量绩效法的关键内容。如何通过务实又有弹性的目标设置，激发个体和团队的潜能，借助目标设置和激励方式的科学组合，在本来有限的空间内创造出空间，让本来蓬松的组织充满张力，是我们重点探讨的内容。

六是多元化激励体系。多元化激励体系包括薪酬体系、福利体系以及精神激励体系，是前面各项机制在回报上的体现，是构建空间、形成张力的结果。

3. 让"要性"撬动增长

没有"要性"是可怕的，在华为式管理逻辑里，没有"要性"约等于没有动力，没有动力的人是和艰苦奋斗绝缘的。和艰苦奋斗绝缘的人，是不能和组织一起走下去的人。反过来讲，"要性"高的人，成为奋斗者的概率更高，因为这样的人目标明确——多赚钱，多分奖金，对其进行激励变得更简单直接。早年华为招录人员的时候曾经提出过要找"志向远大，一贫如洗"的候选人，当然，现在华为对候选人的需求更多元化，除了艰苦奋斗的精神，才华、技术、资源都成了可以用来被鼓励的要素，如图 2-6 所示。

图 2-6　华为核心价值观

让"要性"撬动增长，要经过三个阶段。第一阶段，有要性的员工成为"领跑者"，进而成为"先富起来"的那一部分人。第二阶段，组织里的其他人受到了"领跑者"的刺激（温和一点的说法是鼓励或者是鼓动），也跑了起来，甚至有些人跑得比之前的那批人还要快，这样基本完成了"先富带动后富"的目标。第三阶段，需要组织将前面的玩法机制化、流程化、氛围化，将之前的一些做法沉淀成组织意志，形成土壤。

作为这三个部分的小结，我们可以作画一张，如图 2-7 所示。

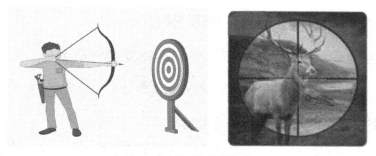

图 2-7　目标设定的权衡

设立务实的目标，可以看图片的左半部分。图中的箭靶就是目标，箭靶不能太大、太近，这样没什么难度。设定一个躺赢的目标，时间久了组织的活力和个人的动力都会下降。俗话说"飞鸟尽，良弓藏"，飞鸟多，良弓也会藏。务实的目标就要我们去选择大小合适、远近合适的箭靶。构建空间与形成张力，就是弓和箭要完成的任务。弓要拉满，但不能把弦拉断，这样的弓箭才会聚集势能，把箭射出去。

让要性激发增长可以看图片的右半部分。如果我们瞄准的目标没什么诱惑力，费了很大劲，收益却一般，下次再有这样的项目，谁也不愿意参加。一场秋猎打下来，至少也得打一头麋鹿，最好是一头熊或者老虎，这样的收益才令人兴奋。

2.3 增量驱动力公式

我们讲了增量绩效法的含义，以及延伸出来的系列概念，又讲了增量绩效正循环，探讨如何围绕激发度、合理度和兑现度三个要素做文章，各个突破、环环相扣，让业绩增长进入正循环，从而产生增量驱动力。"由理念入策略"，下面我们尝试给出增量驱动力的操作公式，以期帮助我们找到"由策略入操作"的路径。

我们认为，增量驱动力是一个由企求、结果、阶梯、兑现四个关键要素综合作用的函数，是获得业绩增量的能力。

$$增量驱动力 = 企求 \times 结果 \times 阶梯 \times 兑现$$

$$ID = f(w, o, l, f)$$

其中 ID (Increment Drive) 指增量驱动力。

w（wish）指企求，实际上是指员工想要获取更多收益的动力。

o（outcome）指结果，即取得的业绩。

l（ladder）指阶梯，实际上指不同目标以及与之对应的回报分级。

f（fulfill）指兑现，即组织根据员工取得的业绩给予的相应回报。

下面我们对形成增量驱动力的几个要素进行分析。作为原因的要素通常有很多，多到可能无法穷尽。农民张三的一块地多产了粮食，可能是因为张三的地比较好，土壤肥沃；可能是因为张三肥料用得足；可能是因为张三用了非常优质的种子；可能是因为张三比较勤奋，除虫拔草做得到位；可能是因为当年的气候特别好，风调雨顺，无灾无害；也可能是因为张三善于进行农田和农作物的科学管理，秧苗成长效率比较高；还有可能是张三运气好，什么也没多干，这一年就多收了粮食。

再以华为为例,华为形成增量驱动力的因素也有很多,比如,技术能力强、资源丰富、高大上的战略、宏伟的愿景、无私奉献的精神和情怀、科学系统的管理、有效的激励、艰苦奋斗等。

但从可控、可操作性的角度看,增量驱动公式中的四个维度是我们关注的要点。

维度一:企求(wish)

企求讲的是员工想要获取更多收益的动力,对应增量绩效正循环中的激发度,直白一点讲就是人的"要性"。单纯从这一维度说,"要性"越大,动力就越大。而且从实践的情况看,单个个体会带动周围个体形成企求,当人数够多的时候,个人企求成了组织企求,组织的向心力就会形成。

在具体操作上,往往采用以下几种方法形成企求。一是拉开收益的差距。让业绩好的人得到的收益足够多,以至于其他人"眼红"。从某公司的绩效系数生成规则表(见表2-9),就可以看出这一点,某公司的绩效系数设置明显体现了拉开差距的思路,绩效等级为A的绩效系数和绩效等级为D的绩效系数相差5倍。

表2-9 某公司绩效系数生成规则表

个人得分排名	≤5%	5%~10%	10%~35%	35%~40%	40%~90%	≥90%
事业部得分(分)	≥9.5	9~9.4	8~8.9	7~7.9	6~6.9	<6
公司回款完成率(整数位)	≥120%	110%~119%	100%~109%	80%~99%	60%~79%	<60%
绩效等级	A	B+	B	C	D	D-
绩效系数	2.5	1.7	1	0.8	0.5	0

二是极尽奖惩之能事。该奖励的拼命奖,该惩罚的使劲罚。

三是精准奖励或者惩罚。你想睡觉,正好给你一个非常舒服的枕头;你最怕丢脸,正好就让你上一张让人非常丢脸的榜单。

维度二：结果（outcome）

结果，即取得的业绩。没有取得的业绩就没有激励的资源池。有业绩，才会有可以兑现的部分。说增量绩效对于企业而言是"安全保险"的原因正在于此，没有增量的结果，增量绩效就不会进行分配，增量绩效是"不透支的、健康的、绿色的、无污染的"，经营决策者和老板可以放心使用。

在具体操作的时候，需要提醒的一点，增量驱动力的结果是业绩增量。业绩增量是结果，或者是我们想要的目标，它包括使用增量绩效法并产生结果这一完整过程。产生的结果有可能是相比之前有真正的增加，比如销售额、贡献毛利等；也有可能是总量并没有增加，但结构产生了更合理的变化，比如销售额没有变化，但贡献毛利、净利润发生了变化，甚至还可能是面向未来的能力提升，比如产品的领先程度、新产品占产品总量的比例等。总体来说，业绩增量指向的是胜利，是有利润的增长，有现金流的利润。

业绩增量的着力点在增量，对增量的追求体现的是一个组织"不进则退"的经营清醒，对增量的持续追求体现的是一个组织的战略定力。对企业而言，业绩增量带来的不仅仅是合同额、净利润、现金流，更是公司乃至行业发展的未来。

我们选择几类指标，增强对业绩增量的立体理解。

第一类，直接的业绩增量指标。一般情况下，平衡计分卡中的上面两层（财务和客户层）中的一级指标都可作为直接的业绩增量指标，其中尤为突出的是销售额和市场占有率，如图2-8、图2-9所示。将销售额或者市场占有率作为业绩增量的主要指标，是创业公司发展前期的常规做法。从理论上讲，销售额和市场占有率的增长能最直接地证明业绩的发展潜力，这种证明的说服力是其他指标难以取代的。

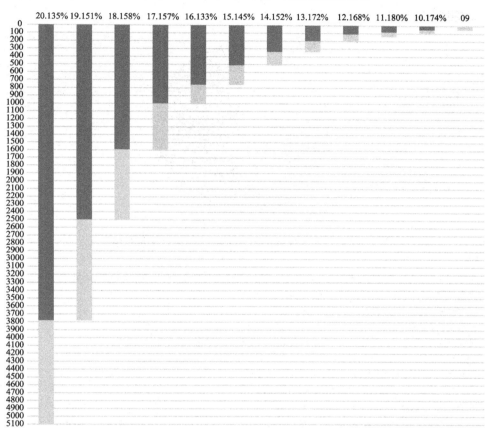

图 2-8　2009～2020 年阿里巴巴集团历年销售额增长情况

数据来源：1. 阿里巴巴集团官网；2. 20.135% 表示 2020 财年营收在 2019 财年的基础上增长了 135%；3. "安安晓晓姐姐" 原创图片

第二类，间接的业绩增量指标。一般情况下，财务和客户层指标的二级以及更次一级的指标（一般需要通过二次甚至更多次计算才可以获得）可以作为该类型指标，比如人均销售额、人力成本占总体营收比、人均营业收入等,如图 2-10 所示。这一类的指标往往被用作业务发展相对稳定阶段的企业进行的各种能力评估。

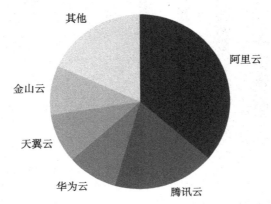

图 2-9　2019 年 Q4 华为云在中国公有云 Iaas 排名情况

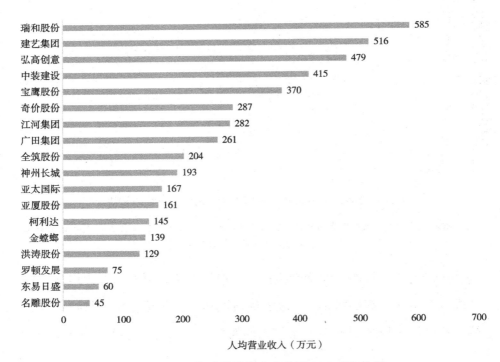

图 2-10　2018 年建筑装饰上市公司 TOP 能力比较

第三类，隐藏的业绩增量指标。严格来说，这一类指标也属于间接的业绩增量指标，之所以单独作为一类来分析，是因为希望引起特别关注——这一类的指标往往容易被忽视，或者说不容易被作为业绩增量指标来使用，而这一类指标却更能描绘业绩增量的结果以及说明业绩增量的原因，比如运营效率、公司信息化程度、组织能力增长情况等维度。华为将员工的职级分布情况作为组织能力的一个重要维度进行考量（见表2-10），一般情况下，员工在中阶的分布相对密集有利于人才的培养和组织能力的提升。

表2-10 华为某组织2015年与2016年职级变化情况

能力级别	2015年12月		2016年12月	
	人数	占比（%）	人数	占比（%）
13	37	10.45	44	11.52
14	66	18.64	56	14.66
15	94	26.55	84	21.99
16	67	18.93	90	23.56
17	57	16.10	65	17.02
18	22	6.21	30	7.85
19	6	1.69	8	2.09
20+	5	1.41	5	1.31
总计	354		382	

简析：通过年度数据对比，2016年15级—19级人员占比均有提升，这在一定程度上说明中等职级人员储备合理程度提升。

更多情况下，企业想要综合的、立体的业绩增量，因此需要各种类型的指标，直接的、间接的、隐藏的，统统都要。2020年初，我们为公司无形资产管理部的负责人制定PBC（个人绩效承诺书），分管VP⊖给出的要求只有一个：2020年一定要有明显的增量。然后，人力资源部和

⊖ VP，Vice President 的缩写，即副总裁。

无形资产管理部的负责人协商，从工作中抽取指标，从指标中提炼数字的计算方法，并且梳理了历史数据与发展规律，最终提报给分管 VP 的 PBC 方案中包含了下面的指标：

- 专利售卖对应销售额；
- 重大科技项目对应奖励额度完成率；
- 优势领域专利申请数量；
- 知识产权申请新增达标率、更新达标率；
- 达标文件入库率；
- 达标资质覆盖率；
- 人均专利申请和授权达标率。

其中，前两个是直接的财务指标，和销售额没什么两样；优势领域专利申请数量和知识产权申请新增达标率、更新达标率对应属于间接指标，侧重于市场；后三个指标属于隐藏指标，对应着管理水平和能力。

同理，在不同行业或者同行业不同企业之间的能力对比中也经常用到业绩增量指标。可研智库和亿翰智库做了 2020 年人均效能 TOP100 房地产组织力的排名，其中就用到了人均效能、元均效能、费均效能、城市深耕效能、运营效率、组织管理综合水平 6 个可量化维度，5 项一级指标，19 项二级指标，122 项三级指标，进行综合评价。

维度三：阶梯（ladder）

阶梯指不同目标以及与之对应的回报分级。它至少包含一个常识和两层意义。一个常识指的是，不同程度的结果需要付出不同程度的努力，所谓"一分耕耘一分收获"。这一个常识在绩效管理的落地过程中往往会被忽视：要么上行的激励没有收益的加权，要么下行的问责惩罚没有负激励的加权。

两层含义的第一层指的是目标的设置要分阶梯，第二层指的是激励（包括正激励和负激励）的设置也要分阶梯。阶梯的分法也大有讲究：首先要考虑阶梯分多少级，其次需要考虑层级之间的节点设置在哪里更为妥当，最后要考虑目标的阶梯和激励的阶梯对应关系如何。

华为 PBC 中评价标准部分设置了三条线：不可接受标准、达标标准、卓越标准，是体现阶梯目标设置的经典案例，如表 2-11 所示。

表 2-11 华为 PBC 样例（部分）

主目标描述	主目标权重（100%）	子目标描述	子目标权重（100%）	评价标准			员工对目标完成情况进行自评	主管对员工目标完成情况进行评价
				不可接受标准	达标标准	卓越标准		

再比如，某公司用阶梯提成法设置销售目标和提成，共设置了五个阶梯，50 万以下按照 15% 的原有提成计算，50 万以上的四个阶梯，随着销售目标的提高，提成比例也随之提高，如图 2-11 所示。

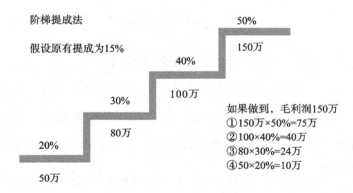

图 2-11 某公司的阶梯提成法

维度四：兑现（fulfill）

兑现，即企业根据员工取得的业绩给予的对应回报。兑现这一要素包括几个方面的内容。首先是兑现的形式或种类。兑现的形式五花八门，现金、奖金、奖杯、奖牌、股票等属于兑现形式，最近几年流行的奖励销售冠军一套房子或者一辆特斯拉也是兑现方式，甚至多年前华为发给员工的"负向奖励"[○]也是一种独特的兑现方式。某公司的激励地图很好地展示了兑现的各种形式，如图2-12所示。

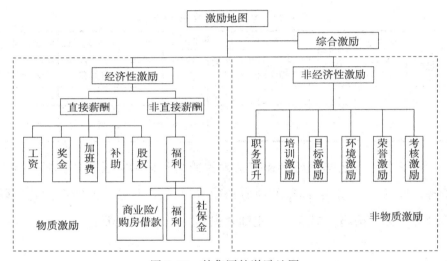

图2-12 某集团的激励地图

其次是兑现的程度，直白一点说就是有没有把人给"喂饱"。以年终奖金为例，一般情况下，公司业绩（尤其是利润）的增长与年终奖金的增长呈正相关，如果出现业绩增长快，年终奖金增长慢，甚至反而下降，这无异于向员工释放了一个强烈信号：公司业绩并没有报表上说得

○ 当年华为某款交换机产品研发失败，于是就把失败产品的废料作为奖品，在市场大会上颁发给每位参与项目的员工。

那么好。这会使员工产生一些负面想法，要么认为公司发展没前途，要么认为公司业绩不错但老板很抠门。无论是哪种感受，都会促使部分员工（尤其是能力出众的员工）开始思考是不是要找下一份工作。

如图 2-13 所示，某公司业绩增长比例高于员工年度奖金的增长比例，这充分说明，该公司没有充分兑现，尤其是 2019 年度，业绩增长幅度较大，员工年度奖金却出现较大幅度的下降，这可能是因为公司做出 2020 年业绩下滑的预期而提前采取了人力成本控制的举措，但员工会因为兑现度不够而对公司发展产生消极评价。

图 2-13　某公司 2018 ～ 2020 年业绩增长与员工年度奖金增长对比

最后，兑现的及时性。这一点与激励的长中短期策略有关。有些举措是及时的，比如月度绩效奖金；有些举措是长期的，比如股权激励。但无论什么形式的激励，在员工预期的时间节点上兑现，甚至早于员工预期的时间节点兑现，才会发挥应有的效果。有些企业为了降低员工离职率，采用晚发年终奖的方式，这是不可取的。实际上，年终奖不能增加员工跳槽的成本，也不能阻止员工跳槽。年终奖是对上个年度组织绩效、员工综合业绩、综合表现的奖励，也就是说，先有年度的工作业绩和表现才有年终奖的高低。员工完成了年度业绩，当然应该获得年终奖，而且应该及时兑现。只有这样，才能让员工感觉公司是守信的企业，老板的话才会更有权威。延迟发年终奖会让员工感觉公司的兑现打了折扣，年终奖的激励作用也就相应地打了折扣，发了年终奖出现集中跳槽的原因更可能是员工失去了耐心和对公司的信任。从某种意义上说，延迟发年终奖还可能使更多员工出现离职的倾向。当然，延迟发年终奖也并非没有丝毫可取之处。如果想要降低市场对公司人才的争夺强度、避开某些人才异动市场高峰期（比如金三银四），延迟发年终奖可能会产生一定效果。

企求、结果、阶梯与兑现四个要素相互作用，产生增量驱动力。我们用铁人三项运动来类比这个公式。参赛选手的坚定决心是企求，赛后的成绩和可能得到的奖励是结果，完成长跑、游泳、自行车是阶梯，奖杯、奖品的颁发是兑现。这一套流程走下来，如果企求够强，结果够好，阶梯够合理，兑现够给力、够及时，这位铁人三项的选手会产生更大的增量驱动力，继续锻炼自己，准备下一场赛事，越战越勇，乐此不疲。

总体来看，增量绩效正循环是增量绩效法的核心理念，是检验一项管理举措是否具有增量驱动作用的标尺。按照这样的逻辑，凡是能同时满足"高激发度、高合理度、高兑现度"的举措都能产生增量绩效正循环。增量驱动公式是设计增量驱动方法论的"生产线"，按照增量驱动公式可以自行定制符合自身实际的增量驱动方法。从这个角度说，我们在后文介绍的方法也是这条"生产线"的一种产品。

回到强哥和小刘的故事，我们可以看出，在他们之间，没有形成增量绩效正循环，兑现度不够是导致小刘舍强哥而去的直接原因。而强哥如果想要获得有效的增量驱动力，可以从增量驱动力公式中寻找答案。

| 第二部分 |

用对方法，
轻松做好增量绩效管理

第 3 章

搭框架
三线四区五法则两机制

败哥为什么总是败

败哥是我们的一位朋友,败哥的名字中没有半个败字,我们之所以给他这样的"雅号",是因为作为一个专攻绩效的专业人士,败哥这几年从来没有获得过领导的认可。而且,几乎每失败一次,败哥都要换一家单位。好在败哥是一个较真的人,咬定绩效模块不放松,不在绩效方面混出点名堂就誓不换模块。有几次我们几个年纪稍长的劝他换个模块,哪怕是曲线救国也好,他都严肃地拒绝了。用败哥自己的话说,这叫"屡战屡败,屡败屡战"。败哥经常懊恼地抱怨:"你们怎么不管我叫战哥呢?"

有一次,我⊖开了一个偏绩效方向的沙龙,败哥特意来找我,想和我聊聊天。败哥向我倾诉了他最近的遭遇,原来,他所在的公司是一家互联网电商公司,业务规模还不错,不过这两年遇到了

⊖ 此处的"我"是本书作者张明。

头部竞争对手的阻击，业务增长放缓。但战略股东催着公司筹备上市，老板的压力很大，想了很多招数来提振业绩，其中最直接的方式是一年换了两个 HRD，而败哥就是第三任。

第一个 HRD 是华为出身，来公司后将 PBC 这套工具在中基层进行了推广，而且结合老板的建议，PBC 都做到月度了。不过年底一核算，PBC 并没有发挥多大的作用。华为出身的 HRD 觉得脸上无光，老板还没说什么，自己就提了离职。

华为这套方法不行，那就换阿里巴巴的吧。于是，老板从市场挖了一个阿里巴巴的 P8 员工，开始实施起"六个盒子""三板斧"。根据这个 HRD 的说法，华为的 PBC 过于死板和僵硬，不适合互联网背景的新生代公司。要结合新生代的特点，采用新生代喜闻乐见的绩效考核模式。老板觉得好像有道理，再加上 HRD 新官上任三把火，总得支持他烧下去。半年度评估，新孵化的业务评估结果还不错，但距离给公司赚钱还差很远。再看老业务，销售额虽然增长了一点，但净利润出现了大幅度下滑。这一套方法不仅没有让公司取得理想的业绩，还导致员工对公司的要求越来越高。根据老板观察，员工越来越"娇气"，就连下午茶点由水果换成奶茶，都有很多员工吐槽。老板感觉这样是行不通的，于是，试用期还没满，从阿里巴巴来的 HRD 就黯然退场了。

一个半月以后，败哥闪亮登场。用败哥老板的话说（败哥转述）："我们就需要一个在绩效模块非常精专的选手。"当然，败哥的身价相对实惠恐怕也是一个不可忽视的原因。

败哥的思考其实从和老板的初接触就开始了。华为的 PBC 不管用，阿里巴巴的方法也不行，到底该用什么方法破局呢？败哥带着问题上岗，两个星期内差不多访谈了 100 人，终于，他发现了问题，找到了答案。原来，各个事业部缺乏对比竞争，看来独立核算的阿米巴可以对症下药！于是，经过一番调研报告、方案设计，又组建项目组，败哥拉开架势轰轰烈烈地推行起了阿米巴……

又到年终，考核数据还没有最终核定，但败哥已经提前预知了结果。他感慨地对我说："看来，兄弟们送的'雅号'恐怕还是得继续叫下去。"

败哥的问题究竟出在哪里？其实，原因在于他只停留在方法论和工具层，缺乏对问题本质的分析和挖掘，没有从对问题本质的分析和挖掘中寻找解决问题的有效方法。

在接下来的章节中，我们将介绍增量绩效的方法论，概括起来说，就是"三线四区五法则两机制"，如图 3-1 所示。

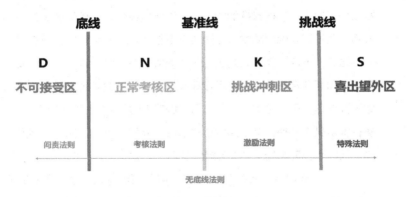

图 3-1　增量绩效方法论

3.1　三线

三线是指设定目标水平的三条线，分别是底线、基准线、挑战线，如图 3-2 所示。

图 3-2　增量绩效法的"三线"

3.1.1　底线

顾名思义，底线标识的是最低目标，如果连底线都达不到，就意味着结果已经到了"忍无可忍无须再忍"的地步。底线目标一般意味着组织或者作战单元的生存线，低于底线目标，其生存都成问题。我们可以用一个人每天摄入的能量最低值做类比，一般情况下，成年人每天摄入能量的最低值为 1200 千卡。这个数值也是基础代谢的热量值，测定方法是人体在清醒而又极端安静的状态下，不受肌肉活动、环境温度、食物及精神紧张等影响时的能量代谢率，在这种代谢下人是不能进行任何活动，仅仅能够维持生存。

底线目标设置的底层逻辑是界定盈亏平衡点，低于底线即是亏损，意味着公司的投入变得没价值（至少没有短期价值）。

设置底线目标，可以为正激励和负激励提供临界点，为作战单元配置资源计划（在具体工作中往往表现为预算制定）提供参照，为更高级的目标制定、后续目标制定提供参照。

那么，如何设置底线目标？其来源和依据有以下三种：

1. 历史数据

以 A 公司为例，2020 年该公司的实际销售额为 2000 万、回款 1800 万，因此，在制定 2021 年任务目标时，A 公司就把 2020 年的实际完成作为底线目标——销售额 2000 万、回款 1800 万。这体现了"再差也不能比 2020 年差"的要求。

2. 经营测算

还是以 A 公司为例，考虑到公司在 2020 年受到了新冠疫情的沉重打击，而 2021 年疫情已经逐渐好转，因此，在制定 2021 年底线目标的时候，公司经过测算，认为 2021 年即使不做各种变革，公司销售也会自然达到 2200 万，回款能自然达到 1900 万，于是公司将 2021 年底线目标设置成销售额 2200 万、回款额 1900 万。

3. 行业态势

继续以 A 公司为例，在经营测算的基础上，公司分析了 2021 年市场环境和行业发展趋势，认为公司业务符合国家发展战略，将会赶上行业发展的风口，于是调整了 2021 年的业务预期，将底线目标再加码，提升到销售额 2500 万、回款额 2100 万。

当然，更多情况下底线目标的制定是综合各种因素整体测算的结果。

3.1.2 基准线

基准线指的是组织或者作战单元经过一般的努力能够达到的目标，是一条及格线。达到这个水准，不会觉得不行，也不会觉得有什么了不起。基准线目标的达成一般会带来一定的非生存性收益，企业会有一定的资源结余，可以用于企业发展或者人才激励。达到基准线的作战单元理论上具备了分奖金的资格。还是以一个人维持正常活动所需要摄入的能量举例，成年人（18～49岁）的轻身体活动者能量需要量男性为2250千卡，女性为1800千卡。这个标准能够维持普通意义上的正常活动和生活，不会让人能量和营养不足，也不会导致肥胖。当然，如果要减肥的话，这个标准的摄入可能就太多了。

基准线目标设置的底层逻辑是度量正常发展速度，确定相对务实（既不保守，又不"放卫星"）的发展预期。一般情况下，经营进入相对稳定和规范阶段之后，企业会对基准线的测算异常重视，测算的相对精度也高。绝大多数公司预期的发展目标就是基准线目标。

设置基准线目标，可以为普通激励和增量激励提供临界点，为作战单元资源配置计划（在具体工作中往往表现为预算制定）提供相对准确的参照（通常上级组织为作战单元配置的资源计划对应的就是基准线目标），为更高级的目标制定、后续目标制定提供参照。

基准线目标设置的来源和依据基本等同于底线目标（历史数据、经营测算、行业态势），但在具体操作中有几个因素会被考虑进来。

1. 业务增长速度（预期）

由于企业发展"不进则退"的竞争要求，企业的业务增长速度往往是一个"非它不可"的硬性指标。对于有些迫于 IPO 或者资本市场要求的公司更是如此。我们还是以 A 公司为例，如果该公司业务增长速度必须达到 30% 以上才能站稳脚跟、参与行业竞争，那么它 2021 年的基准目标线最少应该设定为 2600 万（2000 万 × 130%）。

2. 经营成本增长

组织的发展会带来公司经营成本（如人力成本、办公场地租用费、水电耗材等)的上升,还有些隐性成本(如残疾人就业保障金①等)也会悄悄产生作用。经营成本增长,用华为的说法来说就是"吃水线"上升(一般情况下,船在空载的情况下吃水越浅,其可能的载重就会越大)。这要求业绩同步甚至快于经营成本增长的速度提升。这一点在很大程度上会影响基准线目标的制定。

3. 公司战略

在经营相对稳定的企业中,公司战略起到的作用会更大。原因不难理解,经过了一些年的探索,经历了几个战略周期的循环检验,公司对自身的优劣势以及能力水平有了相对清晰的认识。在此基础上,公司可以通过公司战略对基准线目标施加一定的影响。

我们仍以A公司为例,2021年该公司深度分析了以往几年产品研发取得的成果,以及新产品在市场上的表现,从产品生命周期的角度进行了系统测算,提出A公司几个拳头产品已经处于行业领先地位,要大幅增加产能,2021年的基准线目标可以再激进一些,达到40%的同比增长,因此,将2021年的基准线目标设定为2800万(2000万×140%)销售额。

3.1.3 挑战线

挑战线回答的是任务的实现和对应的回报有没有上限的问题(当然是没有上限),挑战线所标识的目标会使公司(或者就是老板)产生出乎意料的感觉,使员工们产生"海阔从鱼跃,天空任鸟飞"的感觉。

当然,挑战线不是一个梦幻线,不是触不可及的,是可以通过多

---

① 按照规定,各单位安排残疾人就业的比例不得低于本单位在职职工总数的某一个比例,达不到规定比例的应当缴纳保障金。

方面的协同、努力乃至运气实现的。我们的一位同事是解决方案主管（SR，Solution Responsibility），2014年进入公司，当年在职仅7个半月就完成个人支撑销售额1300万美元的业绩。年底在设定2015年目标时，他把挑战目标设置成个人支撑销售额6000万美元。所有人看到他的年度挑战目标都会觉得他太疯狂了，但他有自己的想法：第一，新的一年他的时间更多，有充足的12个月；第二，2014年他刚入职对业务还不熟悉，2015年他一定会更加得心应手；第三，也是最关键的是，他已经悄悄和几位销售主管摸过底，心里有数，2015年会有几张大单来袭，所以他决定狠狠赌一把。结果，2015年他真的做到了，个人支撑销售额突破了7000万美元，一举将公司的地区部总裁特别奖收入囊中。

挑战线目标设置的底层逻辑是在尊重可能的基础上释放可能。不设置饼的边缘，饼能画多大由作战单元说了算。

设置挑战线目标，可以为超级增量激励提供临界点，最大限度地激发作战单元的"要性"、释放潜能，充分探索业绩增长的可能。

挑战线目标设置的来源和依据也会受到历史数据、经营测算、行业态势、成本增长以及公司战略的影响，除此之外，还有三个因素需要考虑。

1. 决策者的愿望

一般情况下决策者会提出相对理想的目标要求，甚至有些单位会"放卫星"。"卫星"承载的是老板们"求其上而得其中"的管理观念，还有"一夜暴富"的美好愿望。挑战线目标的设置可以比较好地安放决策者的这种愿望，毕竟梦想也有万一实现了的可能。

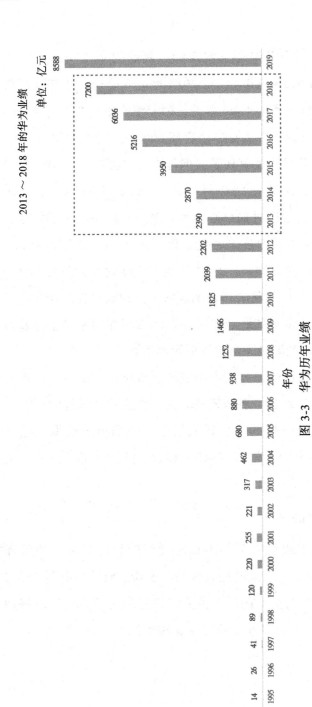

图 3-3 华为历年业绩

2. 多重因素综合可能的化学反应

在公司战略、国家政策、行业态势、公司能力、管理创新、员工艰苦奋斗甚至运气等各种因素的共同作用下，有可能会出现某种化学反应，让业绩呈现爆发式的增长。华为 2013 ～ 2018 年的快速发展，在一定程度上验证了多重因素系统变革带来的综合效应，如图 3-3 所示。

3. 黑天鹅事件

黑天鹅事件也会对挑战线目标产生影响。2020 年，突如其来的新冠疫情给绝大多数行业、企业带来了冲击，对有些行业来说这种冲击甚至是致命的，比如餐饮行业。但疫情也给某些行业和企业带来了发展的契机，比如医疗保健，如图 3-4 所示。

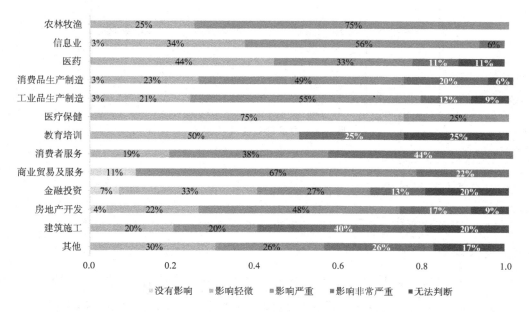

图 3-4 新冠疫情对不同行业企业影响的具体表现

挑战线目标的设置,为黑天鹅事件冲击后的复苏以及黑天鹅事件带来的利好都预留了空间。从这个角度说,挑战线目标的设定是务实和务虚两种思路的碰撞和结合,是鼓励员工不断突破的积极主义,是企业经营的美好愿景。

3.2 四区

三条线将整个空间划成四个区,分别是不可接受区、正常考核区、挑战冲刺区、喜出望外区,如图3-5所示。

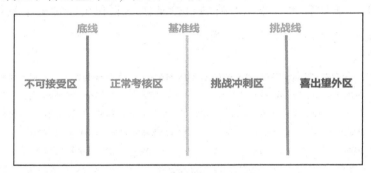

图3-5 增量绩效法的"四区"

3.2.1 不可接受区

不可接受区,顾名思义,绩效结果只要落到这个区间里,就是不可接受的。

不可接受区是公司设置的禁地,踏入禁地的人或者组织要接受公司的惩罚。不可接受区中,距离底线越远意味着业绩越差,越不可接受。

不可接受区的设置有三个基本逻辑:

一是按照收益和付出对等的原则，收益已经低于底线，不可接受区的主要使命是止损。已经踏入或者临近不可接受区的作战单元有可能因为这一逻辑而得不到进一步的资源支持，甚至面临清算的可能。在我们所经历的很多组织中，业绩经常性达不到公司底线要求的作战单元要接受问责，并会被降级甚至取消，人员也会被遣散。

二是给偶发性失败者留有余地。本着"鼓励大家试错，不能一棍子打死"的宗旨，即使是绩效结果在不可接受区的作战单元，接受的处罚往往是适度的，这是为了鼓励大家"戴罪立功"，绝地反击。

三是设置区别对待机制。对业绩欠佳并身处不可接受区的作战单元，要区别对待。如果是处于商业模式探索期或者由于区域限制、市场攻坚等原因而导致绩效结果不可接受，惩罚的力度不宜过大。同时，对作战单元里的人也要采取不同的对待方式，区分主次要责任。

当然，设置不可接受区本身就是为了给业绩欠佳的组织和个人以惩罚，不能因为区别对待而放弃了严格要求的原则，要杜绝"板子举得高高的，落地声音却很小"的现象，过度的仁慈反而不利于形成增量驱动力。

3.2.2 正常考核区

绝大多数情况下，我们在正常考核区里做的文章最多，也最擅长。从广义上说，组织的绝大多数制度、流程、规定、管理办法都是为了解决正常考核区里的问题。比如，几乎每家企业的销售管理办法中都有关于销售提成的规定，如表3-1所示。

表 3-1　某公司关于销售工资和提成的规定（包括附则）

岗位名称	基本工资	绩效工资	个人提成比例	团队提成比例
销售经理	7000	5000	8%	2%
客户经理 3 级	6000	4000		1%
客户经理 2 级	5000	3000		/
客户经理 1 级	4000	2000		/

附则：
1. 月度总提成＝个人提成比例 × 个人当月到账＋团队提成比例 × 团队当月到账（含个人）；
2. 销售人员的薪酬构成＝底薪＋月度总提成，其中，底薪＝基本工资＋绩效工资；
3. 销售部门总业绩的 5% 作为优秀销售部门、小组、个人季度奖金，由部门总经理做分配。

正常考核区的设置最根本的逻辑是保证按照公司预算进行产出与投入的权衡。它的使命是保证公司在消耗可以承受的资源的情况下实现公司的务实目标（基准线目标），以此来保持公司的正常运作和发展。

正常考核区的运作（所有规则的确立）有两个重要依据：一是在公司的预算之内，不超标是"王道"；二是在公司的制度和正常流程之内，不需要特批是"王道"。

只要满足这两个条件，在这个区域里设置规则基本都是允许的。就像一辆车开在一条宽阔、通畅的马路上，只要撞不到预算和制度流程的路障，随便怎么开都行。

3.2.3　挑战冲刺区

挑战冲刺区指超过基准线目标之后、奔向挑战目标的部分，需要付出的努力更多，取得相同量级的业绩比正常考核区的难度更大。在挑战冲刺区里，资源投入的杠杆效应更加明显，杠杆率加大，目标和收益之间的关系曲线将变得更陡峭。

挑战冲刺区的设置需要遵循以下规则：

一是具有一定的可实现性。挑战冲刺区的任务有相当大的难度，但并不意味着无法实现，通过加倍的努力依然存在实现的可能性。就像天花板上吊着的苹果，使劲跳一跳还是能够到的。

二是重赏之下必有勇夫。设置超出正常考核区的激励力度，可以鼓励作战单元向着挑战目标冲锋。在挑战冲刺区里，还可以设置不同的二级阶梯，到了节点，收益增长的幅度更大。

三是合理调节资源配置。通常情况下，企业不会根据业绩目标的提升等比例配置资源。比如在挑战冲刺区里，某员工的销售任务目标提高了 50%，但销售费用一般不会按照增加 50% 的额度匹配。

3.2.4　喜出望外区

喜出望外区的目标实现会让两类人都喜出望外——组织会喜出望外，作战单元的收益也会喜出望外。

喜出望外区的目标实现之后可以有三种方式来设置喜出望外的收益：一是在挑战冲刺区的基础上，让杠杆率更高，目标和收益之间的关系曲线更陡峭；二是保持挑战冲刺区的收益计算方式之外，设置特殊的奖励方式；三是两者兼备。

从不可接受区到喜出望外区，就像登山。有些人体力不支，或者山太陡，压根没法爬，刚出发没多久就在山脚歇了。正常考核区的人比较多，毕竟大部分人都能走一段路，身体吃得消，人也不用很累。到了挑战冲刺区，人已经少了很多，毕竟这段路需要人有很强的体质、充沛的体力，还需要人激发自己的意志，付出比常人更多的努力，甚至还要忍受些伤痛。而能到喜出望外区的人，已经是凤毛麟角。要看到喜出望外区的风景，不仅对体质、体力、努力程度有要求，还必须具备超乎寻常的条件,包括客观的,更包括主观的。能到达这里,一定是多年沉淀、厚积薄发的结果。

从这个角度说,追求卓越的人,一定更喜欢这句话:山脚人多,我们山顶见。

3.3 五法则

五法则分别对应在四个区,不可接受区对应问责法则,正常考核区对应考核法则,挑战冲刺区对应激励法则,喜出望外区对应特殊法则;另外还有一个法则,对应所有区域,是无条件适用的,叫无底线法则,如图3-6所示。

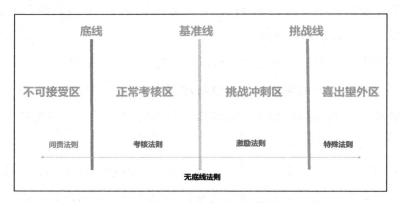

图3-6 增量绩效法的"五法则"

3.3.1 问责法则

问责法则指的是在不可接受区要遭受的负激励。在设置问责法则的时候要考虑到以下几个方面:

1. 一视同仁

一视同仁指的是对全员都要问责，并非对全部人员用一种方法问责。要做到对全员问责并不是一件容易的事，对基层员工问责不难，甚至对老板问责都不难（只要不是让老板"下课"），最难的是对中高级干部问责。很多企业的问责往往针对的是层级比较低的员工，而层级比较高的干部通常很难被问责，干部的身份成了他们免受惩罚的保护伞。这种状态不利于形成增量绩效正循环（兑现度大打折扣），对企业与员工之间的互信机制也有损伤。

华为对中高级干部的问责高度重视，并不断推动落地。2014年6月24日，任正非在人力资源工作汇报会上就讲："高级干部被末位淘汰不等于是坏事，可以去重装旅，再重造辉煌。若没有威慑感，大家都会去搞内部平衡。"

2. 区别对待

不同类型的人，尤其是不同层级的人，要用不同的方式问责。有些人更心疼钱，尤其是中基层员工，他们对经济条件的改善更看重，那就用罚钱（减少奖金、降低基础薪资）的方式问责；有些人更看重长期收益，比如中层更看重股权、分红，那就动长期收益的奶酪；有些人更看重级别（当然级别和收益也有关系），那就拿级别做文章，被问责的结果就是降级或者降档；有些人更看重面子（尤其是高层），那就在精神方面进行问责，警告、记过等方式都可以拿来用。

以某公司的问责机制为例，我们可以看到，该公司的问责机制中使用了阶梯问责的方式，而且包含经济的（降薪）和非经济的（免职）多种方式，如表3-2所示。

表 3-2　某公司问责机制（部分）

代号	情形	问责明细
N1	不可接受线 80% 完成率及以上，且费用控制与业务完成同比例控制	年度奖金归零，主管 1 级问责（保级降档降薪）
N2	不可接受线 60%～80% 完成率，且费用控制与业务完成同比例控制	年度奖金归零，主管 2 级问责（降级降薪）
N3	不可接受线 60% 完成率以下，或费用使用占比大于业务完成占比 30% 以上	年度奖金归零，主管 3 级问责（年度奖金归零，免职，重新定岗定薪）

需要说明的一点是，我们提区别对待并不是说要搞"一人一策"，每个人都是个例的做法不值得提倡，因为其带来的管理成本是很难估量的。

3. 鼓励试错

在讲不可接受区的时候，我们就对这一点做了说明。华为就是鼓励试错，以包容、平和的态度对待犯了错误的员工，从任正非历次的讲话中我们就能窥见一斑。比如，2017 年 10 月 19 日，任正非在 2017 年第四季度地区部总裁会议上强调："我们不要歧视犯错误的干部，不能让他们沉沦下去，只要改正了，就有机会再爬起来，还可能爬得更高。我们有过去三十年的习惯问题，也有工作方法、能力不够等一系列问题，我们不要逮住几个人就使劲踩，而是要激发他们把心思用在正途上，让他们自悔来促进队伍的自励。"

3.3.2　考核法则

在正常考核区，适用的是考核法则，配套的各种常规的考核方法。考核法则的来源范围很广，可以涵盖平衡计分卡所覆盖的方方面面。

考核法则的制定规则一般体现出以下特点：

1. 密集且准确的数据支撑

公司在日常经营中所积累的数据绝大部分集中在正常考核区，这里的考核法则最密集，收集的信息也最丰富。这可以为制定更为严密、有效、量化程度高的新法则提供支撑。

2. 行业与经营规律的把握与理解

考核法则里蕴含了诸多法则制定者对行业发展的认识、业务规律的梳理以及对自身经营能力的评估，因此，考核法则通常会被企业认定为公司机密（或者绝密）。这可以带给我们一个启发：如果要想深刻理解一家公司所在的行业、这家公司的业务规律，可以仔细解读这家公司颁布的各种规章制度。无形之中，考核法则为我们的学习提升提供了一个有效法门。

比如，某公司的月奖/年终奖系数计算公式设置得非常合理，值得借鉴，如表 3-3 所示。

表 3-3 某公司月奖/年终奖系数计算公式（部分）

	主营业务单位的月奖/年终奖系数计算公式
公司月奖系数的计算公式	① 总经理及以上员工月奖系数 = 销售达成率 × 销售达成权重 + 系统/部门/岗位 KPI 得分 ×（100% − 销售达成权重） ② 总经理级以下员工月奖系数 = [销售达成率 × 销售达成权重 + 系统/部门/岗位 KPI 得分 ×（100% − 销售达成权重）] × 个人行为考核系数 ③ 业务一线人员月度绩效奖金系数最高为 1.2；非业务一线人员月度业绩达成系数最高为 1
公司年终奖系数的计算公式	① 年终奖系数 = [销售达成率 × 销售达成权重 + 系统/部门/岗位 KPI 得分 ×（100% − 销售达成权重）] × 个人年度行为考核系数（总经理级及以上人员为 360 度考评得分） ② 销售达成率 <70% 时，年终奖为 0； ③ KPI 中有绝对指标（如危机、安全、生产质量事故等）且年度内有事故发生的，年终奖金为 0
备注：根据公司员工职能归属，"销售达成权重"的值和"销售达成率"的取值有所不同	

3.3.3 激励法则

挑战冲刺区适用的是激励法则，配套的"带有刺激效果"的规定。根据我们前面提到的提高杠杆率的原则，激励法则的设置相较于考核法则更激进。

以某公司为例，该公司超额完成年度目标的提成比例相较于常规的提成比例增长幅度基本在30%以上，最高增长幅度超过300%，足可见其激进，如表3-4所示。

表3-4 某公司关于超额完成年度目标的提成比例激励规定（部分）

类型	税前毛利率	提成比例	超额完成年度目标的提成比例
行业解决方案	税前毛利率≥12%	（实际税前毛利率/基准税前毛利率）×2.5%	（实际税前毛利率/基准税前毛利率）×2.8%
软件外包		（实际税前毛利率/基准税前毛利率）×2.1%	（实际税前毛利率/基准税前毛利率）×2.5%
高级服务业务	税前毛利率≥15%	（实际税前毛利率/基准税前毛利率）×5.1%	（实际税前毛利率/基准税前毛利率）×5.7%
维保服务		（实际税前毛利率/基准税前毛利率）×1.3%	（实际税前毛利率/基准税前毛利率）×1.6%
驻场服务		（实际税前毛利率/基准税前毛利率）×3.2%	（实际税前毛利率/基准税前毛利率）×3.75%
自保服务		（实际税前毛利率/基准税前毛利率）×1.21%	（实际税前毛利率/基准税前毛利率）×4.1%

激励法则的设置往往体现以下特点：

1. 风险越小的目标激励法则越激进

对于企业经营者而言，这种情况基本处于稳赚不赔的境地，当然更愿意以激赏的方式鼓励大家去开拓。反过来，如果任务完成的风险较大，这个时候的激励法则往往会设置得比较保守，"意思一下就可以了"，做到挺好，做不到也没什么遗憾。

2. 势能聚集越充裕的任务激励法则越激进

组织已经为可能实现的目标准备了很多,"憋着一股劲",这个时候的激励法则可以放开,让看好的目标爆发,产生爆品、爆款。这背后其实是公司的战略判断。

3.3.4 特殊法则

喜出望外区适用的是特殊法则,配套的"带有惊喜效果"的规定。根据我们前面提到的"让人惊喜"的原则,特殊法则的设置要能够产生"独一无二的特殊感"和"无与伦比的荣耀感"。

在设置特殊法则的时候可以尝试体现以下特点:

1. 走心

特殊法则的制定关键在于特殊的激励形式。既然是"特殊",要么是量大到让人难以置信(很多很多奖金),要么是很特别。因为激励法则以及考核法则中已经较多地考虑金钱,所以,在特殊法则中可以考虑用走心的方式。

比如前文中提到的奖励房子、特斯拉,让没有得奖的人无比"眼红"。再比如华为的总裁特别奖,得此奖者,升级加薪分股票几乎是水到渠成的事情。有一年,我们为了表彰在某一个战略项目里表现突出的项目群经理,设置了一个走心的特殊法则:把该项目经理的全部家人接到他所在的海外某国,家人的突然出现让这位伙伴震惊不已,顿时泪流满面。

2. 饱和式宣传

既然连挑战线目标都突破了,胜利者已经在喜出望外区了,那么就让英雄的光环变得耀眼，尽可能让更多的人知道、羡慕、向往。大会表彰、海报宣传、文案专访，怎么亮眼怎么设计，用饱和式宣传的方式来让人惊喜。不必担心这样做让竞争对手来挖角，处于"风眼"里的英雄通常是很难被挖角的。

3.3.5 无底线法则

无底线法则是在全部区域设置的"带有普遍效果"的规定。无底线法则的主要特点是不设置门槛条件，有一点就激励一点。因此，该法则往往被用于推广公司主打的产品或者服务。某公司设置的无门槛销售激励方法（部分）如表3-5所示。

表3-5 某公司无门槛销售激励方法（部分）

奖 项	奖励内容	备 注
开门红奖	新员工新签合同的5%作为无门槛激励	无回款要求
开拓者奖	员工在××省、××省（客户必须在以上区域范围内，以注册地为依据）签订的合同，3%作为无门槛激励	无回款要求
师带徒奖	徒弟在入职一年内（以劳动合同签订之日为准）所签订的合同额，0.1%作为师傅的特殊奖励	如遇师傅更换，按照更换之日起分段计算
新品销售奖	凡在20××年内，销售公司××、××产品，按照合同额的0.5%提成	无回款要求

3.4 两机制

三线四区五法则基本满足了增量驱动力公式中的企求、结果、阶梯、兑现几个要素的要求，如同一辆车，发动机、方向盘、轮子已经基本具备，燃料也注满，但这个时候，如果要发动这辆车，还有几个重要的问题需要考虑：如果车跑得太快停不下来怎么办——需要制动；如果车跑久了各个部件磨损严重怎么办——需要润滑。两机制的设置解决的就是制动和润滑的问题。

两机制指的是开关机制和调节机制。

3.4.1 开关机制

开关机制起到的是阀门的作用，打开阀门，就有流动，关上阀门，流动就停止。当然，阀门也可以是半开状态，这样流量和流速就得到了控制。

开关机制又可以分为两类，第一类是触发开关，类似家用电灯开关，打开就有，关上就没有。

举例说明，某项目组2022年的重要使命是完成某重大项目的初验。年初立军令状的时候，公司和项目组全体成员达成的一致意见是：完不成项目初验，一分钱奖金都不发。如果完成项目初验，就可以将项目总额的2%作为项目奖金池，在项目组内分配。是否完成项目初验起到的就是触发开关的作用。

再比如，某公司行政管理部2022年全年的奖金系数默认为一个月工资，但作为绩效激励机制，年初公司定下了一条规定：2022年快递费用的节减部分全部进入激励奖金包。因此，我们可以得出，快递费用的节减成为行政管理部年度绩效奖金的触发开关。

第二类是防火墙开关，起到的是防火墙作用，不让火烧过来。火是什么呢？是成本增长，是经营风险，是公司底线。

举例说明，我们装修新房子的时候会做预算，预估大概要花多少钱，然后按照预算的水平来进行每个部分的拆解，一旦某一个部分的钱花超了,这个时候要么缩减花在这一部分的钱,要么在另一个部分节省回来。家具买贵了,家电的费用就要缩减。这个装修预算就起到了防火墙的作用。

开关指标和防火墙指标就是开关机制的细化指标。

3.4.2 调节机制

调节机制是一种修补或者转换机制,起到的是修补的作用。哪里超标了该怎么倒扣,哪里节省了该如何回算,出现极端情况或者特殊状况怎么办,都是由调节机制来进行调整。

在三线四区五法则的运转过程中,经常会出现一些"幺蛾子""小火星",调节机制的任务就是要消灭这些"幺蛾子""小火星",或者及时止损,让它们不会危害整个机制。

举例说明,某销售人员2021年的业绩基准线目标是500万,底线目标是300万,此外,根据无底线法则,他还能获得公司主打产品M产品的提成,一套M产品的售价是1万元,提成标准是2000元/套。一年下来,该销售人员卖了100套M产品,是全公司售卖M产品最多的销售。但他其他产品的销售业绩只有50万,即使加上M产品的100万销售额,也才完成了150万的业绩,连底线目标300万都没有达到,更不用说基准线目标了。

按照问责法则,低于60%完成率的销售人员不仅拿不到奖金,还要降两级,薪资降3000块。单纯看M产品的销售业绩,这名销售人员的业绩不错,但其他产品的业绩完成情况则惨不忍睹。这时,是严格按照问责法则来执行,对这名销售人员进行降级降薪处理,还是可以考虑无底线法则,适度降低惩罚?

这个时候就需要调节机制发挥作用了。按照该企业调节机制的规定，产品毛利可以按照一定的比例折算成销售额。该销售人员的 100 万 M 产品销售额带来的毛利相当于销售其他产品的 280 万销售额。这样折算下来，该销售人员可以按照销售额 280 万 +50 万 =330 万来计算，超过底线目标，不用启动问责法则。

三线四区五法则两机制的背后是增量绩效正循环的逻辑，是增量驱动力公式所设定的生产线。至于设置三条线还是两条线，分成四个区还是三个区，设置五个法则还是四个法则，开关机制和调节机制如何定义，都是根据逻辑和公式设计出来的方法论。操刀手可以根据逻辑和公式自己来定制。

在这一部分，我们先简单介绍增量绩效法的总体框架，让大家先有个整体感受。就像进了一个景区，山清水秀，亭台楼阁，一眼望去，心旷神怡。但怎么游览这个景区，得有专门的路径和步骤。增量绩效法的框架如何一步步实现，是我们后面几个章节需要重点阐述的内容。

4 CHAPTER

第 4 章

资源线

构建以产出为导向的组织和算法

算不清的账

小赵是公司的招聘经理,这段时间他陷入了不小的苦恼中。

小赵所在的公司是一家生产制造型公司。公司订单在全年分布得很不均匀,上半年订单占了大头,下半年订单量不大,几年下来公司发现人员的配置是一个难题,淡季的时候人不能多,旺季的时候人不能少,经过多方商议,公司决定引进人力资源外包。小赵当然非常赞成这个决议,毕竟淡旺季的人员招聘都由小赵团队负责,人力资源外包的渠道一开,小赵就不会在旺季因为招不到人而挨骂,也不会在淡季因为要优化人犯愁。于是,很快,小赵就把人力资源外包供应商选型对比和前期对接的工作做完了。这真是万事俱备,只欠东风了。

接下来就是人力资源外包的流程操作了。人是生产总监用,他们是受益方,不过按照公司规定,人力资源外包属于采购,所以流程应该由采购部推进。小赵就推着生产总监和采购经理赶紧商议好细节，尽快走人力资源外包流程。

但是，一个月下来，生产总监和采购经理谁也没有跟进这个事情。眼看旺季就要开始了，如果再不做人力资源外包的话就要开始自有编制人员的招聘了，人力资源外包公司的客户经理也不停地来催小赵，小赵就想，他们不办我们办吧，反正这是公司经过反复研讨之后做出的决议，符合要求，没什么风险。

整个流程很顺利。很快小赵就拿到了人力资源外包协议的初稿，请公司的法务出具了修订意见，双方盖章，交换合同。没几天就有人员推荐到生产总监这里，生产总监找了几位资深的车间主任和老师傅进行面试，一周下来就有几十个人上岗了。小赵觉得这件事情办得不错。

不知不觉一个季度过去了，外包公司按照协议出具了费用结算发票和清单，直接寄给了小赵。小赵立刻请生产总监确认签字，然后请人力资源总监签字，提交给财务。然而，让小赵没有想到的是，这些材料一入财务深似海，十天半月都没出来。本着"盯关跟"的精神，小赵去找财务总监，财务总监给出了解决方案，然后小赵去找生产总监，生产总监给出了解释……于是小赵这段时间就陷入了与财务总监、生产总监、采购经理沟通的困局中，最后连人力资源总监都加入"混战"。

这场"混战"是这样的：

财务总监说："两个原因不能打款。第一个原因是生产部门没有将外包人员的工时核算到车间和产品线这一层，导致考核车间和产品线成本的时候不够精准；第二个原因，人力资源外包属于采购，应该由采购部发起流程。"态度明确，立场坚定，合情合理。

生产总监说："业务订单经常有微调，产品线的生产计划就得跟着紧急调整，人员在车间之间、产品线之间的频繁调动时有发生,有时候连车间主任都搞不清楚这条产品线上用了哪几个外包人员。再加上外包人员的进出也很频繁,出勤情况别说不能做到小时级,颗粒度能到天就不错了。"

人力资源总监说:"生产部是用人部门,是受益部门,需要厘清人员的工时分布情况。因为计划变更与基础统计工作不到位导致人员工时统计困难,人力资源部和生产部应该成立联合工作小组,制订整改方案,从下月起试行。但上一季度的费用结算必须尽快完成。"

……

听起来谁都有道理,可是问题迟迟都得不到解决,究竟症结在哪里呢?我们可以仔细分析:生产总监的问题是没有将基础工作做扎实;小赵的问题,一是越俎代庖,二是因为心急导致工作细节把握不够,三是工作相关方信息不对称,尤其是没有提前邀请财务部介入;财务部的问题是只提出了要求,没有提出解决问题的建议,对一线的管理到位,但服务不够。

其中,最为关键的症结是:该公司在以产出线为导向的组织和算法上的准备不足,没有成功建设行之有效的资源线,导致小赵最终只能面对着一本算不清的账。

进了增量绩效这个景区,你会发现,景区很大,内容很多,管理有序,服务周到。要想仔细品味各个部分的魅力,需要我们分区块、网格化地进行切分。划分资源线,构建以产出为导向的组织和算法,其用意就是在此,说得直白一点,就是切好产粮地,方便给每块产粮地算账,避免像小赵那样最后怎么也算不清账。

关于给每块产粮地算账,有两个维度。一个维度是我们要善于从总体上看所有产粮地的产粮,算一笔整体的账。对一个组织而言,整体数字的变化将会很好地揭示经营举措的有效性以及组织能力的成长性。另一个维度是细分的维度，一整块产粮地里面要分成细小的产粮地，当然，并不是产粮地越小越好，小到什么程度要根据经营管理的需求来定。有可能一个上千人的事业部是一块产粮地，也有可能一支几个人的小队伍是一块产粮地。

构建以产品为导向的组织和算法，是企业进行经营管理的坚实基础，更是企业进行各种管理创新的"实验设施"。 华为善于划分资源线，将作战单元切成大小不等的"豆腐块"，对这些豆腐块式的产粮地进行各种资源投放、赋能、管控，进而进行各种测算、评估、激励，不断增强土壤肥力，这种模式帮助华为攻克了众多关口。

构建以产出为导向的组织和算法，包括四个重点动作。

4.1 划分边界相对清晰的产粮地

划分边界相对清晰的产粮地具有非常重要的意义。需要注意的是，我们说是"相对清晰"，而不是"绝对清晰"。绝对清晰不利于开展需要多方合作的工作，因为面对多变的市场情况，总会有"三不管"地带。

我们主张以产品为导向的产粮地划分法，而不是以地域或者组织架构为导向的产粮地划分法，因为以产品为导向的划分法体现的是满足市场和客户需求的能力，背后遵循的是以客户为中心的导向，这样的理念更务实。而以地域或者组织架构为导向的划分法体现的是公司的经营管理能力，遵循的是以公司甚至以老板为中心的导向，这样的理念更务虚。

华为采用的就是以产品为导向的产粮地划分法。从华为 2018 年集团级组织架构图（见图 4-1）中可以清晰地看出，华为划分的几大产粮地：运营商网络 BG（传统业务）、企业网络 BG（传统业务）、消费者 BG（主打业务）以及 Cloud BU（华为云 BU，战略业务）。其中其他几大产粮地叫 BG（业务集团），云业务叫 BU（业务单元）。

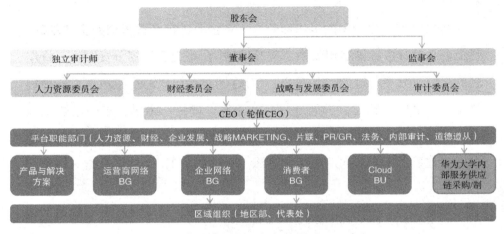

图 4-1　华为集团级组织架构图（2018 年）

以产品为导向的产粮地划分法是如何实施的？我们可以以某公司为例，这家公司划分了 4 条产品线，并以产品线为维度制定出每条产品线的任务目标（含新增业务的底线目标、基准线目标和挑战线目标，以及历史结转、研发投入）与人力效能的目标，如表 4-1 所示。

通过这种方法，可以对 4 条产品线的盈利能力、资源配置必要性进行相对准确的评估。

划分边界相对清晰的产粮地有三个好处：

1. 识别潜力股和绩优股

划分产粮地可以帮助企业识别哪些产品线是绩优的或者是高潜的，

决定后续是否投入更多的资源，甚至使用"范弗里特弹药量[一]"。

表 4-1　某公司各产品线 2020 年度业务与效能目标

产品线	目标分类	总目标（新增业务量 + 结转任务量 + 研发任务量）				人均效能	
		新增业务目标（万元）	历年结转项目工作量预估（人月）	2019年研发立项项目投入（人月）	无合同/POC项目工作量预估（人月）	2019年集团人均成本（万元）	投入产出要求
产品线 1	底线目标	5000	532	0	117	35.24	2.6
	基准线目标	7000					
	挑战线目标	10 000					
产品线 2	底线目标	5000	457	180	128	32.17	3.2
	基准线目标	7000					
	挑战线目标	10 000					
产品线 3	底线目标	3000	179	93	109	28.35	2.2
	基准线目标	4500					
	挑战线目标	6000					
产品线 4	底线目标	1000	207	135	0	30.58	2.3
	基准线目标	1500					
	挑战线目标	2000					

2. 为后续资源配置、价值评估奠定基础

划分好产粮地，就可以对成块状的产粮地进行各种计算，我们想要的评估指标都可以从中获取。从某种意义上说，产粮地的划分也是阿米巴经营思路的一种应用。

[一] 朝鲜战争的历史名词，指投入庞大的弹药量进行密集轰炸和炮击，对敌实施压制和毁灭性的打击，意在迅速高效歼灭敌方有生力量，使其难以组织有效的防御，最大限度地减少我方人员的伤亡。被华为借鉴，作为饱和式攻击以推动战略机会点产生理想效果。

3. 避免浑水摸鱼

有了相对清晰的产粮地划分，表现好的和表现不好的地一目了然。结合产粮地的价值评估以及绩效管理的一些方式方法，可以对负责粮食产量的队伍进行有针对性的激励。表现不好的地很难靠"融入大部队"去瓜分不是靠自己的贡献而获取的收益，浑水摸鱼的把戏再也没有应用的机会了。

以某公司为例，该公司2019年度产品线A的主要经营指标实现较好，只有管理费用一项超标较为严重。产品线B和产品线C的主要经营指标均表现一般，其中产品线B的业绩表现最差，如表4-2所示。以上数据和分析可以作为对三个产品线进行价值评估和奖金分配的重要依据。按照以上方法，产品线B和产品线C两个作战单元的人员各得其所，揩产品线A的油难上加难。

4.2 梳理产粮地的人力配置

梳理产粮地的人力配置，就是在已经基本切割好的产粮地中，梳理在地里劳作的人员情况。这需要从人力资源的数量、结构以及合理性三个方面进行：一是梳理人力资源的数量。梳理每块地的总人数、各个生产环节上的人数；二是梳理人力资源的结构，主要是指各工种的配比、人员的能力等级等；三是梳理人员配置的合理性，主要是指人数是否够用，结构的构成是不是能够满足需求。

产粮地中布满了纵横交错的战壕，每条战壕里又有不同的战斗位置。战壕和战斗位置的关系可以从静态的人力配置表中得到直观的体现，如表4-3所示。

表 4-2 某公司三大产品线 2019 年主要经营指标对比情况

单位：元

项 目	产品线 A			产品线 B			产品线 C		
	2019 实际完成	2019 年预算	同期完成（%）	2019 实际完成	2019 年预算	同期完成（%）	2019 实际完成	2019 年预算	同期完成（%）
一、营业总收入	63 133 802	68 376 068	92.3%	41 429 172	42 050 759	98.5%	111 163 035	128 313 659	86.6%
其中：营业成本	55 113 239	58 635 883	94.0%	54 438 008	32 407 656	168.0%	95 158 228	108 893 643	87.4%
销售费用	3 890 574	6 499 524	59.9%	12 929 084	13 973 306	92.5%	8 177 724	10 388 243	78.7%
管理费用	77 115	18 061	427.0%	288 221	346 042	83.3%	196 438	205 808	95.4%
财务费用	2 065	2 766	74.7%	42 797	46 125	92.8%	2 190	1 050	208.6%
二、营业利润	4 050 809	3 219 834	126%	-26 268 938	-4 722 370	—	7 628 455	8 824 915	86.4%
减：所得税费用	1 012 702	804 959	126%	—	—	—	1 907 114	2 206 229	86.4%
三、净利润	3 038 107	2 414 875	126%	-26 268 938	-4 722 370	—	5 721 341	6 618 686	86.4%

表 4-3 某高科技公司一条产品线人员分布情况

归属部门	岗位分类	1级	2级	3级	4级	5级	6级	7级	8级	总计
事业部	销售			1	1		1			3
事业部	业务咨询				1	1	4			6
事业部	项目管理		3	6			1	1		11
事业部	产品		2	7						9
解决方案部	咨询师			1	3	4	1	3	1	13
开发部	产品	1	3	1	1	5	1			12
开发部	前端		3	3	4	2		1		13
开发部	后端			4	1		2			7
开发部	UI		1		1	1				3
开发部	数据			2	6	2	2	1		13
交付部	产品		5	5	6	1				17
交付部	前端		2	8	13	5	1	1		30
交付部	后端		1	5	1	2	1			10
合计		1	20	43	38	23	14	7	1	147
合计占比		0.7%	13.6%	29.3%	25.9%	15.6%	9.5%	4.8%	0.7%	

梳理产粮地的人力配置有重要的作用。举例说明，有家酒店集团要新开一家酒店，新开酒店的房间数是500间，餐位数是300个。按照集团原有的标准化方案制订的人力配置计划和实地调研需求之间产生了差距，如表4-4所示。如果按照计划执行，该酒店的后续经营可能会出现服务质量不高、员工满意度低、管理困难的局面。

表 4-4 某酒店集团新开酒店人员配置计划与调研需求对比表（部分）

部门	计划方案		调研结果	
	总数	结构	总数	结构
客房部	30	1 总监 3 主管 26 员工	40	1 总监 3 主管 36 员工
餐饮部	100	2 总监 4 经理 6 主管 88 员工	100	2 总监 3 经理 10 主管 85 员工

从表中数据分析可知，该酒店客房部存在人员数量不足的问题，主要是缺员工。而餐饮部的情况是人员数量足够，但结构稍微不合理，需要减少经理和员工，适度增加主管的数量。

这时，有个问题冒出来了——实际的需求是如何制定出来的呢？那就要进一步剖析，评估产粮地的人力效能了。

4.3 评估产粮地人力效能

划分边界相对清晰的产粮地、梳理产粮地的人力配置后，接下来要评估产粮地的人力效能了。人力效能是动态调整的，其变化受到多种因素的影响，比如行业与产品特点、人员能力与意愿、生产设备与条件以及管理水平等。

评估人力效能背后的逻辑是以现有的条件、能力、水平等相对稳定的要素，在符合常规发展和有所提升的基础上，测算各工种、各岗位的产能。

举例说明，一个汽车生产车间的电焊工在配置较高水平自动化设备的情况下，每天（以 8 小时计算，下同）可以支撑 80 台汽车的生产，那么 80 台/天就是这位电焊工一天的效能水平；一位酒店客房部员工每天可以负责 15 间客房的清扫与整理，那么 15 间/天就是这位客房部员工一天的效能水平；一位解决方案工程师每年可以支撑 2000 万个软件合同订单，那么 2000 万个/年就是他一年的效能水平。

我们以发传单这项任务来完整模拟一下人力效能与人力配置的关系。某健身中心要分发 30 000 份传单，需要招募临时派单员。我们假定该健身中心位于上海市长宁区虹桥街道，在伊犁路地铁口附近，根据以此为圆心、2 公里为半径的这个地段的人流量，派单员日均发出的有效传单约为 300 份/天，因此，我们需要 100 人。如果我们雇用 20 人，需要发放 5 天时间。另外，我们还要确保传单没有被乱发，或者被悄悄塞到垃圾桶里，为此，我们需要为每 10 个派单员配置 1 名监督员。这样算下来，我们可以考虑请 2 个监督员和 20 个派单员工作 5 天。评估产粮地的人力效能，为满足生成所需要的人力资源提供了必要性信息。

我们再以某软件类公司为例，来看看人力效能与人力需求之间的关系，如表 4-5 所示。

表 4-5 某软件类公司两条产品线基于人力效能与业务目标进行的人力需求测算

人员分类	人均年产值（合同额：万元）	产品线 A		产品线 B	
		产品化率	业务目标（合同额：万元）	产品化率	业务目标（合同额：万元）
		0.6	150 000	0.7	70 000
		人力投入系数	人员投入总数	人力投入系数	人员投入总数
解决方案	2 000	1	45.0	1	24.5
产品设计	800	0.4	281.3	0.3	204.2
UI	2 000	0.4	112.5	0.3	81.7
开发	800	0.4	281.3	0.3	204.2
测试	1 200	0.4	187.5	0.3	136.1
数据	1 200	1	75.0	1	40.8
项目管理	1 000	0.7	128.6	0.65	75.4
运维	1 500	0.7	85.7	0.65	50.3
管理	—	—	18.0	—	12.3
合计	—	—	1 214.9	—	829.5

从表中数据分析可知，该公司的两条产品线上的不同类型岗位（从解决方案到管理，战壕的各个战斗岗位全包含）人力效能情况和业务目标之间有着密切关系。需要说明的是，上述案例已经进行了一定程度的简化。一般情况下，任务目标不会是单纯的新增任务，还会有历史任务

结转,尤其是软件类公司,历史结转的订单量占比很大。此外,从任务目标到人力需求,也是一个相对复杂的过程,会受到产品化程度(表中以产品化率表示)、人力投入系数(有些岗位既要做产品开发又要做项目交付,既要做创新又要满足客户需求)等要素的影响。

到目前为止,从划分产粮地,到梳理人力配置,再到评估产粮地人力效能,进而产生人力需求,一套相对系统的人力资源规划的主干部分已经基本完成。

4.4 系统梳理评估产出的指标

人力资源规划的主干部分基本完成之后,梳理评估产出的指标体系就要被提上重点议程了。这是增量绩效法中最为细致的工作,也是最能体现企业经营管理基础是否扎实、牢靠以及管理水平是否够高的工作。

可以说,评估产出的指标体系是企业管理最难啃的一根骨头。之所以这么说,是因为以下两个方面。

1. 步履艰难的职能协同

指标的背后是统计口径的标准化,统计口径的标准化背后是相关部门管理的协同性,尤其是财务部门、经营管理部门、人力资源部门等。有些单位在作战单元中设置了业务管理部或者项目管理部,也是标准化统计口径的重度用户。

相关部门的协同是一件难度极高的工作,存在很多问题,比如归属问题。举例说明,某单位在项目交付过程中采用了人力资源外包的方式,而且人力资源外包人员有一部分参与了项目预研工作(这一部分工作一般被定义为无合同运作项目，项目成本一般会划归或者相当一部分划归销售，因为无合同运作更多的是销售行为）。这一部分成本在后续的归属上就会非常困难。销售部门说虽然无合同运作销售要承担成本，但这个成本在销售报价的时候已经向交付预支了，这笔费用应该由交付部门承担。交付部门说销售部门虽然核算了部分费用，但核算的仅仅是作为项目交付的部分费用，预研部分会有产品化收益，公司应该承担部分费用（作为研发投入）。财务部门说，不管你们怎么吵，一定得有个地方放进去。人力资源部门是人力外包的实施者，外包公司催账催得紧，再不付款警告函都要发来了。这个例子是典型的费用归属问题。

除了归属问题（或者是类型问题），还有口径问题，比如，到了年底要算公司整体效能，以人均投入产出比作为重要指标，什么作为分子呢？好办，合同额、毛利、净利或者收款实现都可以。那么分母怎么取呢？怎么算人数？以年末在职人数算，还是以全年每个月的平均人数算？即使是按照全年每个月的平均人数算，每月平均人数的计算也是一个可选项，而不是固定项，以月底人数算，还是（月初+月底）÷2这个公式算，都是可变要素。把用得到的指标进行规范化定义，统一口径和出处，本身就是一项浩大的工程。

2. 业务与市场的多变性

业务与市场的多变性至少会带来两个方面的影响：一是质的影响，新的业务和市场情况会给原有的指标设置带来挑战，导致原有指标不足以支撑业务和市场的新情况。二是量的影响，新情况会将原有经验打破，之前的目标值会被刷新。比如电商行业的快递费用控制，开始只要设置总体费用指标，做预算的时候只把发货量和单件快递成本作为主要指标来进行统计即可。后来新的市场情况出现了，大批量的退货情况产生，这样一来，发货量的计算发生了变化，快递成本的统计也发生了变化。再后来，又有新的情况出现，物流行业出现了包退险⊖，快递费用的统计也得随之发生变化，甚至该指标的统计需要关联第三方、第四方（买家、卖家、物流公司、保险公司）。退货导致了快递费用的量变，包退险促使快递费用产生了质变。

消费者/客户的要求、卖家为了提升服务质量所做的调整，不断给指标设置带来新的要求。目前出现的新趋势是卖家为了获取买家的好评，让利给买家——如果买家评价字数超过某个数值，卖家可以返利给买家。这一过程产生的费用，也许会为电商企业的指标设置赋予新的内容。

系统梳理指标，可以分五步走，如图 4-2 所示。

图 4-2　指标梳理五步走

第一步：建立工作专班

为指标梳理建立工作专班，专班最好由经营管理部门（第一章故事中老邱所在的部门正合适）牵头，把财务、供应链、人力资源等数据产出与需求量比较大的部门集合在一起，以项目制的形式来推动工作。鉴于该项工作的重要性，很多公司将指标梳理工作上升为公司管理的关键项目，专门设置项目激励机制，加大力度推动。

⊖ 如需要退货或者换货，消费者下单时支付一定的费用，退货或者换货的快递成本可以免除。

第二步：形成统一标准

统一标准包括指标的选用、定义、统计口径、数据出处等关键要素，形成公司内部相对统一的对话口径。这是指标梳理的关键，一套统一的标准可以使梳理工作更高效、更精准，避免前文提到的那些无效的"对口径"现象——你说你的定义，我说我的定义，为了统一定义所浪费的时间不可胜数，而且每次对话这样的动作都要循环往复。

我们以某软件公司为例，来看看统一标准应该是什么样的，如表4-6所示。

表4-6 某公司两个指标的定义与分析（部分）

指标	定义	计算方法	说明	指标利弊分析	数据来源
项目收款账期	自合同签订之日起，至最后一笔款收回为止的综合收款账期	$\sum[(实际收款时间-合同签订日)\times 收款额]/\sum 收款额$	考核年度每笔已收款加权（收款额）计算的综合账期，取值范围：历史及新增项目在考核年度的收款	利：客观可统计 弊：将受到每年度新增业绩均衡性影响；未收款部分未统计在内，成漏网之鱼，但如果纳入未收款部分，则未收款部分按预估收款日期计算，主观因素太大，当未收款占比大的时候，指标客观性可能偏离较大 建议：未收款部分建议在其他指标中反映，比如应收款回款率	经营管理部
项目交付周期	自合同签订之日起，至项目交付完成的周期	$\sum[(服务截止日-服务起始日)\times 合同额]/\sum 合同额$ 其他类：$\sum[(项目终验日-合同签订日)\times 合同额]/\sum 合同额$	考核年度每个完成交付（软件项目完成终验）的项目加权（合同额）计算的项目交付周期，取值范围：历史及新增项目在考核年度完成交付的项目	利：客观可统计 弊：未完成项目，问题项目如何体现存在困难 建议：建议增加在建项目周期分析，与标准指标值做对比	经营管理部

第三步：建立信息系统

如果条件允许（主要是预算费用支撑），企业应该建立信息系统来收集数据、统计分析、系统展示各项指标。磨刀不误砍柴工，这是一项重要工作。信息系统的建设有利于提升数据的产生与使用效率，还有利于保证工作流的规范与高效。

第四步：检验指标有效性

将选用的指标用于日常管理，以检验指标是否必要、有效。指标应用的场景会触及日常管理的各个细节，从员工出勤、奖金核算、股权激励方案，到原材料的比价、产销率、供应链运营总成本，再到项目工作日志、项目里程碑完成率、项目周期等。原则上，关键工作节点要有关键指标的支撑。

第五步：优化指标体系

根据指标的使用情况，结合业务与市场的变化带来的新需求，阶段性地优化指标体系（比如半年度、年度），包括增补、替换、重新定义指标等举措。

CHAPTER

第 5 章

定目标

长中短目标与虚实目标的制定策略

固执的老板

说起老秦，认识的人都会给出一个共同的评价：固执。

老秦今年五十多岁了，有一家经营多年的公司，公司效益和员工收入在行业里都不算差。不过，最近十年来公司的规模总是上不去，销售额一直徘徊在五六千万元，人数始终维持在四五十人。这让老秦头疼不已。

当然，这十年里老秦也进行了很多尝试，制定了一些措施，试图开拓新业务、新客户，改善管理，提升公司的业绩和规模。比如，老秦搞过第二产品线，组建了一支精兵队伍去搞 SaaS，开发 2B 的办公软件。但是努力了两年多，新客户还是少之又少，一年的销售额只有几十万元，而投入的人力成本却是几百万元，最后只好放弃了这条路。老秦也搞过客户拓展，选了几个销售骨干，又招了一批新销售，到其他行业推广公司的软件产品。然而，从熟悉的行业跨界到陌生的行业谈何容易，产品方案经常被客户"吐槽"，靠价格优势勉强争到的订单也赚不到什么钱。最令人头疼的是那几个销售骨干，因为订单小了，提成少了，先后提出了离职，老秦怎么劝也拉不回来。老秦甚至还搞过借壳上市，找了一家国内知名的、实力雄厚的传媒集团，谈了一两年。不过，因为这家集团要合并报表、将财务审批权收归集团，老秦坚持不妥协，最终还是谈崩了。除了这几个大动作之外，老秦还采取了其他的一些小的改进举措，折腾来折腾去，不是把人折腾走了，就是亏钱。

当然，老秦的公司也有很稳定的地方。

第一，老秦制定的公司业绩目标二十多年来从来没有变过，总是雷打不动的两条，一是销售额增长 20% 以上，二是回款比例达到 80% 以上。其他指标从来没有在年度目标中出现过。

第二，公司的队伍很"稳定"。除了老秦，公司的骨干都是 2010 年到 2015 年这一时期进入公司的，2015 年之后加入的员工，在职时间基本不会超过一年。

第三，老秦一如既往地注重细节管理。老秦有几个坚持多年的习惯：一是每天都会看每个员工的日报，包括前台，看他们每天的工作时间都干了什么。不仅如此，老秦还会在每天的早会上点评前一天的工作日报。二是每一张报销单都要过目，还要求员工在报销单上清晰地说明去了哪里、起止时间、见证人。如果出现信息对不上的情况，这张报销单就会作废。三是每个周六都要开会，开会的内容是固定的，就是对每周工作目标不能达成的具体原因进行分析并讨论整改举措。就连老秦生病的时候，也坚持开会，有一次老秦刚做完肠息肉切除手术，第二天就出现在了会议室。

对于老秦的这些管理要求和习惯，公司的高管、老员工都曾给他提过改进建议，身边的朋友也劝他调整，毕竟管理也要与时俱进，把每一个员工都当成偷奸耍滑的人，控制员工的行为，会让人感到过于压抑。但是老秦总是当成耳旁风，不以为意。在他看来，行为控制不好就一定做不出业绩，只有每个人都像他那样坚持奋斗，才能把公司业绩提升上来。时间久了，大家也拿这位固执的老板无可奈何，能忍就忍着，忍不了就走人。

老秦的公司发展受限，可能有多种原因，比如缺乏战略思维、不愿意授权、管理模式单一、性格偏执、自我改进机制缺失等。有些与性格相关的问题，改进起来并不容易，但从目标制定的角度，将长中短目标与虚实目标结合在一起，还是相对容易的一个突破点。

梳理好了指标，相当于建好了增量绩效管理的地基，有了地基就可以往上盖房子了。房子要盖多高，是我们首先要考虑的问题，这就是我们本章要介绍的内容——定目标。

5.1 目标制定需要处理的关系

要想定好目标，需要处理好三对关系。

1. 长期目标和短期目标的关系

长期目标与短期目标之间是密不可分的：短期目标的制定是以长期目标的制定为指引的，长期目标的实现是以短期目标的实现为基础的。长短期目标的制定需要我们既脚踏实地，又仰望星空。

华为对这一点有深刻的认识，曾提出了"脚踏实地，做挑战自我的长跑者"的口号。任正非对此非常赞许，2015 年 8 月 27 日，在消费者 BG 2015 年中沟通大会上，他说："'脚踏实地，做挑战自我的长跑者'，你们这个口号提得很好。你们是在长跑，耐着性子跑，总会跑赢，人们最终会知道你的产品质量好。就像华为公司这只'乌龟'，没有别人那样跑得快，但坚持爬了28年，也爬到行业世界领先。"

那么，如何处理好长期目标与短期目标的关系呢？我们举例说明。如果有一家初创公司希望实现5年上市的长期目标，这家公司需要对实现这一目标应具备的条件进行分析，然后以这些必要条件作为分目标，反推出每年、每季度甚至每月要达成的阶段目标。保险起见，还需要适度考虑5年后这些必要条件的变化情况。必要条件往往是条件的集合，而不是单纯的某一两个条款。

我们假设该公司以科创板作为上市目标，根据相关规定，科创板上市的条件为：预计市值在10亿以上（具备规模、产品、品牌等综合实力）；研发投入不低于5%（具备创新力）；复合增长率达到20%（具备业绩增长潜力）；核心技术科技企业（具备核心竞争力）；发明专利5项以上（具备核心竞争力）；国家关键核心产品（也是核心竞争力的范畴）。

具体条件的解读我们在这里就不展开了。其实，即使同时具备了以上六个条件，也有可能因为参与排队的企业太多，而使这六个条件被推高。所以这家初创企业还需要准备一定的余量来应对排队企业的竞争。因此，最终这些条件有可能会变成：市值在20亿元以上；研发投入不低于10%；复合增长率达到30%；核心技术科技头部企业；发明专利50项以上；多项国家关键领域核心产品。

条件的集合拆解到各个年份，年度目标就制定出来了。拆解到各个季度，季度目标就制定出来了。拆解到各个月份，月目标就制定出来了。

2. 财务目标和非财务目标的关系

理解这一对关系我们可以借助平衡计分卡的逻辑，如图5-1所示。

财务目标是企业这棵大树结出的果实，非财务目标提供的是企业这棵大树的树根、枝干、树叶。

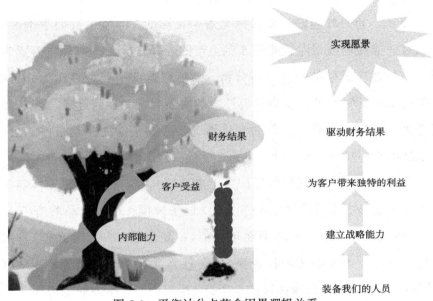

图 5-1 平衡计分卡蕴含因果逻辑关系

从财务目标出发是平衡计分卡的基本逻辑。从财务角度分析，提升业绩主要通过两个途径：一是做大（量的增长），就是增长策略。通过开分厂、扩大经营面积等把原有业务做大，以及拓展新业务、开辟新赛道、推出新产品都能实现"做大"的目标。二是做强（质的增长），也就是提高生产率。引进先进工艺、机械设备提高工作效率，利用电商扩大销售渠道，减少人工成本，和供应商谈判提高单位资金利用率，降低库存等都能实现"做强"的目标。

基于这一逻辑，很多管理者容易陷入"唯财务论"的陷阱。尤其是很多精通平衡计分卡的管理者在推动考核时，或出于主观（以阶段性任务紧急为理由，想要先拿到业绩数字），或出于客观（公司要上市了，业绩是硬数字），只关注财务目标，而对非财务目标（客户、内部流程、学习与成长）的考核很少，即使有对非财务目标的考核，也只是定性的说明，缺乏量化的考核，缺乏系统性和全面性。但在我们的逻辑里，只侧重财务目标而忽视非财务目标的做法缺乏经营清醒，是一种战略懒惰。要知道，单纯从财务数字上看到增长相对容易，为了数字的增加，总会有些措施可以被紧急制定出来，而从根本上优化企业经营的土壤难度则更高。

有朋友曾经抱怨，说他们公司（主板上市）被ST[⊖]，为了扭转局面，公司制定了一系列举措来自救，比如卖楼、卖地、缩编等。但其中有一些举措非常荒唐，比如行政管理部规定，所有纸张都要双面打印。这样一来，虽然打印机纸张被节约了下来，但墨盒的成本直线上升（双面打印费墨），更严重的是，这还造成了公司信息的小范围混乱（用单面废纸的时候读到了不该读到的信息）。再比如，为了节约成本，公司不再在洗手间放置擦手纸和厕纸，需要员工自备纸巾，这引发了员工的一系列吐槽，在离职员工面谈中，很多人也提到了对这一规定的不满。

财务目标能显示出企业的战略及其实施和执行是否能为最终经营结果（如利润）的改善做出贡献。当然，不是所有的长期策略都能很快产生短期的财务盈利。非财务目标（如质量、生产时间、生产率和新产品等）的改善和提高是实现目的的手段，而不是目的本身。

在企业的不同发展阶段，财务目标与非财务目标的设置因市场环境、公司战略等要素的不同而有所侧重，如表5-1所示。

⊖ ST（special treatment），意即"特别处理"，是对财务状况或其他状况出现异常的上市公司股票交易进行特别处理。

表 5-1 不同阶段的企业财务目标与非财务目标的侧重关系

企业所处生命周期	收入增长	降低成本/提高生产率	资产利用率
成长期	1	2	3
保持期	2	1	3
收获期	3	2	1

注：此处我们将收入增长作为财务目标，降本增效和资产利用作为非财务目标。

一般情况下，处于成长期的企业，收入增长占第一位，兼顾降本增效，进而关注资产利用；处于保持期的企业，降本增效占第一位，兼顾收入增长，进而关注资产利用；处于收获期的企业发展得非常好，收入和成本不是问题，可以将资产利用放在第一位，降本增效放第二位。

3. 总体目标和部分目标的关系

对各个部门而言，总体目标是指公司的整体目标；对员工个人而言，总体目标是指部门目标。同理，部分目标对应的分别是部门目标、个人目标。理想的总体目标应该大于部分目标之和，至少等于部分目标之和。我们希望部分目标之间发生的是积极的化学反应，不是积极的物理反应，更不是消极的物理反应、消极的化学反应。我们用两个维度（积极与消极、化学与物理）构建一个坐标系，区分四种模式，如图 5-2 所示。

具体来说，恋爱模式中，总体目标与部分目标产生的是积极的化学反应，产生了 1+1＞2 的效果；邻居模式中，总体目标与部分目标产生的是积极的物理反应，效果是 1+1=2；陌生人模式中，总体目标与部分目标产生的是消极的物理反应，效果是 0＜1+1＜2；仇敌模式中，总体目标与部分目标产生的是消极的化学反应，导致 1+1=0 甚至 1+1＜0。

我们希望建立的模式依次为：恋爱模式＞邻居模式＞陌生人模式＞仇敌模式。

图 5-2 总体目标和部分目标的关系模式图

当然，无论在何种模式下，总体目标都需要层层分解，但每一个层级的目标不是下一级目标的物理堆积，该层级的组织具备"自功能"，也就是可以发挥下一级组织所不能发挥的作用，只有这样才能产生积极的化学反应。这一要求在具体操作中体现在上级主管自身作用的发挥上——别指望把所有的工作都分解给下属，自己什么都不干就可以"躺赢"，管理者也需要撸起袖子加油干。

5.2 目标制定需要遵循的原则

5.2.1 目标制定四原则

如何制定目标，才会使目标科学合理、可执行？具体而言，目标制定需要遵循以下四个原则。

1. 务实

务实的目标能够促进业绩的合理增长，也能平衡目标与所需资源之间的关系。而不够务实的目标，尤其是虚高的目标，给公司、组织和员工都会带来消极的影响。本来是为了激发潜能，最终反而压抑了潜能的爆发。

2. "三对齐"

这里的"三对齐"是目标对齐、思路对齐、理念对齐。目标对齐是结果，理念对齐是根本。

目标对齐是为了帮助下属聚焦正确的事情，需要与下属沟通本年度的工作方向、业务重点和绩效期望及目标，确保其与战略一致且聚焦明确。思路对齐为的是辅导下属将事情做正确，需要分析组织和个人当前面临的核心问题和挑战。理念对齐为的是激发下属拥抱挑战的热情，激励他们主动设定有挑战性的目标，促使他们出于意愿而不是出于强加的指令而努力奋斗。

做到"三对齐"，才能实现目标上下对齐，对下属进行不断激励，使其持续创造高绩效。

在日常工作中，我们往往会将更多的精力用于目标对齐。以为和下属谈完，大家对考核表上的条款都没有异议，就大功告成了，却忽视了对思路对齐和理念对齐的关注。其实，目标对齐解决的是"彼岸在哪里、有多远"的问题，思路对齐解决的是到达彼岸的途径是什么的问题，而理念对齐回答的是为什么要有这样的目标和思路，给为达成目标所做出的所有举动赋予意义，并且将这一意义宣传、贯彻到每个人的内心。目标对齐、思路对齐和理念对齐由此构成了一个目标达成的同心圆，如图5-3所示。

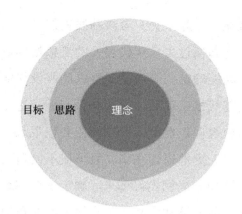

图 5-3 目标达成同心圆

3. 不贪多，有主次

目标的制定不可面面俱到，更不可眉毛胡子一把抓。在资源有限的情况下，应聚焦关键目标，解决主要矛盾，将非关键目标放进下一步的计划中。设置目标不贪多是一种经营清醒，更是一种战略定力。目标设置得多了，往往会淡化主要问题，这体现的是管理者对问题的了解不够全面，理解不够深刻，对什么是关键问题、如何解决关键问题缺乏洞见。任正非在聚焦关键问题、设定主要目标方面对华为不厌其烦地提要求，从 2015 年到 2020 年的 6 年间，他在公司级讲话、电邮中数十次强调抓主要矛盾。2017 年 9 月 17 日，他在捷克代表处讲话时就一再强调："我们的主官在担责期间，如何抓住主要矛盾与矛盾的主要方面，做出正确的判断。"

4. 最大可能量化

量化的必要性，从华为的做法中可以窥见一斑。2018 年 4 月 20 日，任正非在与总干部部及人力资源部相关主管沟通时说道："针对代表处的考核基线，怎么就建立不起来呢？考核基线就是在不断循环评估过程中逐步建立起来的。比如把过去三年代表处的考核指标数据拿出来评估一下，求出平均值，就能确定一个假设，再以此假设就能建立一个有激励的基线，这个假设基线推广以后，看看是否有垂直进步，每年再循环评估一下，三年就明白合理点在哪儿。非洲业务很艰难，基线再稍微差异化调整一下，一点点无穷地逼近现实，就形成不同地区的考核基线，这个基线用过去的统计和方法就能得出来。确定这个基线以后，我们就会发布一个白皮书，一品一策就出来了。当然若产业环境、客户方面发生比较大的变化，或者业务发展进入不同的发展阶段时，就要实事求是地及时合理调整基线。人力资源部就要在不断循环评估的过程中提出规则并持续优化。"

从任正非对代表处考核基线的要求中，可以看出华为在提升量化水平方面的决心和力度。

5.2.2 目标制定常见误区

在很多企业中，都能看到这样的口号——"要想管理带劲，必须量化到位。""凡是可以做到的，都是可以量化的。"口号喊起来容易，实际操作却往往并不顺畅。在目标制定的过程中，经常出现的几个误区是：

误区一：避繁就简

在实践中，经营管理者经常会发现，有很多指标量化起来并不容易。既然量化不了，考核难度也很高，他们就干脆放弃这些难以量化的指标，而选择提报那些容易量化的指标，避繁就简。

误区二：形式主义

在企业管理中，指标的检核（让指标合理、科学、有效）环节往往不够完善，甚至徒有形式。因为很多管理者不愿意"操这个心"，由经营管理部、财务部、人力资源部（往往是HRBP）设计和制定下就好了，而真正懂关键指标控制的人却很少直接参与设计，到了绩效检核的时候才发现原来的指标制定得如此之差。

几年前，华为某地区部就曾被这一问题困扰很久，后来下定决心进行了一年的整改，这个地区部在当时全球十五个地区部中的排名上升了一名，进了前五名。要知道，前面几个地区部的绩效管理都是顶尖水平，上升一个名次是非常艰难的。而这个地区部做了什么？就是拆解了绩效管理的每一个动作，对关键动作提高要求，如图5-4所示。

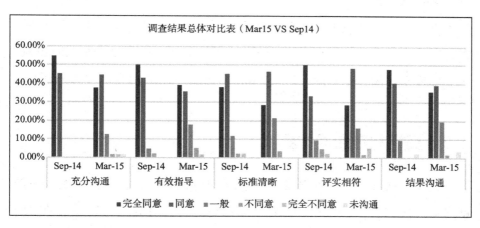

图 5-4　华为某地区部绩效管理有效性改进报告（部分）

需要说明的是，表中维度所代表的调查项目对应如下：

- 充分沟通：主管与我充分沟通，并共同制定了PBC目标、工作重点；
- 有效指导：工作中，主管对我的工作进行了有效的指导与帮助；

- 标准清晰：我所在部门的绩效评价标准清晰明确；
- 评实相符：我认为我的绩效评价结果符合实际贡献；
- 结果沟通：主管与我沟通了评价结果，指出了我在工作上的优缺点并给予指导。

误区三：片面单调

有些目标制定得过于单一，尤其是只侧重财务目标。诚然，财务目标是企业这棵大树的果实，但只侧重财务目标不利于企业长期发展能力的积淀。

误区四：刻舟求剑

在绩效管理周期开始的时候制定目标，过了一段时间，业务、市场、人员以及内部管理的要求发生了变化，但原先制定的目标没有及时更新，到目标检核阶段，原来制定的目标和当前的情况已经相差了十万八千里。

5.3 目标制定的操作步骤

处理好关系，确定好原则，明白了目标制定的误区，接下来，我们就可以制定目标了。根据"三对齐"的观点，三对关系的处理帮助我们做到理念对齐，原则的梳理和误区的预报帮助我们做到思路对齐，目标制定的操作步骤则帮助我们去行动，属于目标对齐的范畴。

这里要注意的是，在目标制定之前，还有两个关键动作——确定战略与战略澄清。我们将会在第 9 章中进行介绍。此处我们假定战略已经制定好了、澄清完了。

目标制定可以分为五个关键步骤。

1. 总体目标分解

简单来说，总体目标分解就是企业各个功能单元对整体目标进行解读、分析，然后承担自己应该承担的部分目标。

总体目标分解可以参照某集团的案例，如表 5-2 所示。

表 5-2 某集团 2022 年度公司总体目标与分解目标（部分）

总体目标	
在战略市场开拓与产业大数据的创新驱动战略指引下，布局医疗、教育、金融三大垂直领域，提升所在市场的份额并达到 15% 的占比，树立领先的行业地位，实现年度销售总额 28% 的增长	
分解目标	
市场系统	围绕公司业务发展战略，重点承接公司年度经营目标，聚焦主赛道，发展医疗、教育、金融等业务，完成公司年度各项经营业务目标；成就客户；打造成规模的产品线；建设健康的项目周期
技术系统	掌握重点应用技术，拥有超过 30 项知识产权（专利）；引进核心算法，形成大数据智能系统卓越交付能力；提升大数据基础设施建设能力；建设数据智能开放运营平台
管理系统	为公司发展提供高效的组织与人才、经营与分析、行政与后勤、运营与商务、知识与资质以及区域支持等方面的保障；打造强有力的中后台，实现公司绩效增长、资本增值、人才增值、知识与资产增值，助力业务增长

具体的目标分解方法有很多种，通常行业里会采取三种做法。

一是"目标—职能"职责对接法，将公司战略重点和战略目标按各部门的职能职责直接分派到责任部门头上，如表 5-3 所示。

"目标—职能"职责对接法的优点在于，"目标—职能"职责分配表能将企业各部门对公司战略重点和战略目标的责任和贡献清晰明白地呈现出来。

二是价值树分解法。价值树分解法源于杜邦财务分析模型，是以净资产收益率为基点，将若干个评价企业经营效率和财务状况的财务指标按其内在联系有机地结合起来，形成一个完整的考核指标体系，然后再将各指标按各部门的职能职责分配到各个部门头上,形成各部门的具体目标。价值树分解法常用于企业财务目标的分解。

表 5-3 "目标—职能"职责对接法样例(部分)

维度	战略主题	战略目标	序号	衡量指标	财务部	总经办	安防办	生产部	人资部	研发部	审计部	工程部	营销部	供应部	品质部
财务	—	F1 实现经济效益最大化	1	净利润									√		
			2	营业收入									√		
	增长战略	F2 提高产品销售收入	3	各产品销售收入									√		
			4	新产品销售收入						√					
	生产力战略	F3 加强成本竞争力	5	销售费用率									√		
			6	管理费用率	√	√	√	√	√	√	√	√	√	√	√
		F4 提高资产使用率	7	应收账款额									√		
客户	—	C1 加大现有客户开发力度	8	大客户销售额占比									√		
		C2 增加优质客户占比	9	优质客户比例									√		
内部流程	提高技术创新能力	I1 构建技术创新体系	10	专利申报数量						√					
		I2 开发市场需求的新产品	11	新产品研发成功数量						√					

我们以某母婴企业为例,来看看价值树分解法应如何实施,如表 5-4 所示。

通过价值树分解法,企业各价值链条上的核心工作职责一览无余,同时能够对价值链条的薄弱与强壮环节有一个相对清晰的诊断。

值得注意的是,如果企业的组织架构和部门设置是按照价值链的方式进行设置的,那么"目标—职能"职责对接法和价值树分解法其实是无限接近于同一种方法。

表 5-4　某母婴企业 2022 年价值树分解法样例（部分）

客户价值链	工作族群	工作主题
价值发现	研发工程师 客户研究专家	关注基础营养实验、基础技术研究、婴童食品技术开发、产品开发，关注亲子消费研究
价值创造	采购专家 项目拓展专家 供应链专家 生产计划专家 质量管理专家	掌控关键原材料，加强国际国内高端奶粉、辅食和儿童健康食品合作伙伴的寻找和关系建立，优化全供应链品质监控和管理，做好产能布局和规划，打造品质管理体系，推进智能移动项目
价值传播	营销管理专家 KA 营销专家 电子商务专家	推进全方位营销管理，实现关系合作导向渠道驱动策略向顾客中心导向整合营销策略转变，提升 KA 销售额，提升电子商务销售额
价值交付	生养教专家 母婴顾问专家 临床营养专家	关注生养教研究，充分发挥母婴服务支持作用，加大临床营养支持力度

三是关键成功要素法。关键成功要素法是寻找驱动每一战略目标成功的关键要素，然后根据关键成功要素提炼考核指标。关键成功要素通常通过头脑风暴法和专家讨论法确定。关键成功要素法要求操作者对业务非常熟悉，因为对关键成功要素的提炼是否到位会直接影响到目标的实现。

关键成功要素法的具体实施方法可以参照某互联网集团的案例，如表 5-5 所示。

表 5-5　某互联网集团 2022 年关键成功要素法样例（部分）

战略主题	目标	目前的问题	所改进的状态	指标	目标值	关键动作	责任部门
场景数量与质量	优化现有标准馆产品组合，提升承租能力	没有形成标准化的最佳产品组合模型，功能设置随机	形成标准化的产品分层组合模型，最大化不同属性门店的人次承载能力	承租能力提升率	100%	研发标准馆产品组合模型及标准，持续优化升级	场景产品研发

(续)

战略主题	目标	目前的问题	所改进的状态	指标	目标值	关键动作	责任部门
场景数量与质量	研发新的增值盈利产品	除基础功能外，标准馆产品内的增值盈利能力较弱，未充分挖掘用户价值	具有多样化增值产品，满足用户延伸需求的同时增强盈利能力	增值产品用户购买率	20%	引入零售+餐食+异业增值产品	场景产品研发
				单店单月营收占比	20%		
	研发新产品线	目前没有可匹配核心商圈、非标物业的产品线	打造适应不同租金与空间标准的新产品线	新产品线研发成果	2个	形成新产品线研发体系，完成试点建设	场景产品研发
				新产品线盈利门店数量	30个		
场景智能化	提升门店基础智能化覆盖率，降低运营成本	门店基础智能化（网/电/安防）程度低，人工管理效率低、易出错	门店基础管理智能化方案全面覆盖，形成统一管理系统	基础智能化覆盖率	90%	推广铺设门店基础智能化系统	场景产品研发
				能耗降低率	20%	开发统一管理系统	
	提升门店内智能化运动体验	智能化运动体验感知度很弱，科技感低，使用体验不流畅	门店内运动设备智能化，使用户运动体验更流畅、更有科技感	运动设备智能化覆盖率	90%	开发有氧器械、体测仪、心率臂带、签到屏、储物柜、手环等一系列智能硬件设备及铺设	场景产品研发
				NPS	60%	开辟门店智能运动体验区	
	丰富场景内数据采集节点，沉淀用户行为数据	用户在门店内的行为数据采集节点非常少，大量有价值的数据流失	尽可能精准采集场景内更多用户行为数据，为后续数据应用做好准备	关键行为节点采集用户覆盖率	90%	有氧器械、体测仪等关键设备开发铺设与运营激活方案	场景产品研发
				力量器械采集方案精准度	90%	开发人脸ID系统+力量运动行为数据采集系统	

关键成功要素法的优点在于目标、要素和责任的连接非常紧密,责任到部门,直指问题解决本身。

2. 自下而上的目标初步生成

从 IBM 到华为,自下而上的目标生成作为激发员工主动性、形成员工绩效承诺的重要方式,一直是行业里的标杆式做法。但学起来简单,能否奏效却不确定。我们以 M 公司前台某员工 2019 年和 2020 年度的工作目标对比来看自下而上的目标生成给员工带来的影响,如表 5-6 及表 5-7 所示。

表 5-6　前台某员工 2019 年度工作目标(部分)

主目标描述	主目标权重(100%)	子目标描述
管理好前台,处理好日常前台相关的事务性工作	20%	每月按时、准确无误地完成组织分配的任务,做好会议室预定、名片印制、办公用品的领取和登记等工作
高效熟练地处理前台事务,提升自身沟通能力	30%	熟练接听电话,在同时接收多项任务时能够有条不紊地处理好每项事务,避免工作差错
提升工作效率,为公司内外部员工提供便利	30%	为公司内部员工提供工作便利,帮助及时联系取件员、物业人员等外联人员
其他临时性工作	20%	临时安排的职责外工作及时完成并保证质量

表 5-7　前台某员工 2020 年度工作目标(部分)

主目标描述	主目标权重(100%)	子目标描述
合理规划使用行政预算	25%	合理采购办公用品、日常用品,合理采购后勤保障用品(如灯泡,地毯等)
维护日常办公设备	15%	门禁维护,网络维护,打印机设备维护
行政酒店协议及日常办公绿化物业协议的签订	20%	为方便公司出差人员签订合适的酒店协议,与绿化物业公司等签订合作协议
会议室管理预定及机票预订	20%	办公室会议室日常管理、机票预订、邮件申请
其他临时性工作	20%	临时安排的职责外工作完成及时性和质量

通过对比我们可以发现，同一个公司同一个岗位的同一个员工，2020年的工作目标与2019年相比有两点变化：一是量化程度更高。2020年工作目标中的任务分解更精细，2019年目标中较多地形容了"程度"；二是服务＋管理的意识增强。2020年的工作目标中明显地体现了部分管理意识，尤其是预算的规划与使用方面。2019年的工作目标基本以服务满意度为主要目标。

这两点明显变化的背后，是该员工所在公司和部门的绩效管理规范性在加强，更重要的是员工自己的觉醒和成长。

3. 自上而下的目标修正

自下而上生成目标，容易出现两个问题，一是前文中提到的目标制定的第一个误区，二是公司的顶层战略缺乏承接力。比如任正非经常提到的基础研究，这一类工作往往相当长一段时间里看不到效果，如果单纯自下而上生成目标，中短期看不到效果的工作很容易被忽视。所以，自上而下的目标修正是必不可少的。

从某公司解决方案部门提报的工作目标修正前后对比中，我们可以看出自上而下的目标修正是多么重要，如表5-8所示。

表5-8 某公司解决方案部门提报的工作目标修正前后对比（部分）

自下而上提报			自上而下修正		
主目标描述	主目标权重（100%）	子目标描述	主目标描述	主目标权重（100%）	子目标描述
业务支撑指标	70%	完成A事业部、B事业部合计1亿元的销售额支撑，其中核心产品（见产品目录）占比30%以上 深圳战略项目解决方案支撑工作	业务支撑指标	50%	完成A事业部、B事业部合计1亿元的销售额支撑，其中核心产品（见产品目录）占比30%以上 深圳战略项目解决方案支撑工作

(续)

自下而上提报			自上而下修正		
主目标描述	主目标权重（100%）	子目标描述	主目标描述	主目标权重（100%）	子目标描述
日常管理指标	30%	按照设计院的管理要求，做好知识和技术管理，形成30套完整技术方案归档	日常管理指标	30%	按照设计院的管理要求，做好知识和技术管理，形成30套完整技术方案归档
—	—	—	行业研究指标	20%	加强行业研究队伍建设，形成对A行业、B行业未来三年发展趋势分析报告，并通过战略委员会审议验收通过

注：自上而下修正部分，增加来自公司顶层的行业研究指标，并调整了各指标的比例。

4. 关于目标的深度面谈

目标的深度面谈，是形成"三对齐"的关键动作之一。自下而上生成的目标和自上而下生成的目标之间一般会存在差距，尤其是自上而下形成的目标总会有"压下来"的任务，让"压下来"的任务能够被理解，进而被执行，是一项有难度且高度重要的事情。以上情形注定了目标的深度面谈由四个部分构成。

一是对目标差距的说明，包括原来的目标是什么，修订的目标是什么，哪里发生了变化。

二是对目标差距的理解，要讲清楚上级为什么会这样考虑，这样考虑的意义是什么，完成这个任务和没有完成这个任务会有什么样的影响。

三是预测消除这一差距的困难。提前预测、推演要完成这样的任务可能会遇到什么样的困难，有利于任务的接受者更全面、坚定地接受任务，反之，如果只派给了任务，没有预测困难，接受者对任务的接受程度会降低，甚至会反感。

四是提供可以提供的帮助与资源。既然预测到了困难，要解决问题，除了发挥原有团队的主观能动性之外，还要给予资源上的倾斜，要么给人，要么给钱，要么给政策。什么都不给，只是给了任务，希望原有团队艰苦奋斗，这样的任务布置会被理解为"没有诚意""画饼"，员工在执行过程中难免会敷衍，从而影响结果的达成。

5. 阶段性目标调整

"刻舟求剑"的误区提醒我们，要阶段性地对制定的目标进行调整。以新冠疫情期间我国 GDP 增长目标的调整为例，在疫情暴发之前，中国科学院预测 2020 年中国 GDP 增速将达到 6.1%，但疫情的暴发让中国经济面临前所未有的冲击，2020 年 6 月 20 日，中国宏观经济论坛（CMF）发布的《中国宏观经济分析与预测报告（2020 年中期）》预测，2020 年中国实际 GDP 增速为 3% 左右，后三个季度增速为 2.5%、6.5%、7.5%。到了 2021 年初，GDP 核算部门对 2020 年的情况进行了全面评估，认定我国 2020 年 GDP 的增长率为 2.3%。这个数字比最早预期的 6.1% 低，甚至比 CMF 预测的 3% 都低。这说明新冠疫情对我国经济增长的影响还是很大的。如果 GDP 增长目标不调整，还是按照原来的 6.1%，很有可能我们会为了保证经济的增长而工厂不停工、社会活动不控制，这样一来，新冠疫情的防控就无从谈起，最后不仅 6.1% 的目标不能达成，连 2.3% 都未必能够实现。

同样，企业也应该阶段性地对目标进行调整，比如，2020 年，某公司综合考虑疫情等各种因素，对年度目标进行了及时修正，如表 5-9 所示。

表 5-9 某公司 2020 年度目标调整（部分）

单位：元

项　目	2020 年初	2020 年中
新增税前毛利	800 000 000	540 000 000
收款实现税前毛利	519 200 000	228 200 000
业务及交付成本	256 000 000	112 000 000
平台成本	90 000 000	40 000 000
税金	36 000 000	21 000 000
财务成本	60 000 000	20 000 000
预计净利润	77 200 000	35 200 000

企业总体目标的调整要符合实际情况，同理，部门目标、个人目标也应该根据实际情况的变化进行适度调整。不过在实践中，很多企业的阶段目标调整并没有落实到位，刻舟求剑甚至南辕北辙的情形屡屡发生，既影响了业务发展，也影响了对员工评价的客观、合理性，这需要我们引以为戒。

CHAPTER

第 6 章

重落地
选用、设计绩效管理工具

难念的经

休谟（花名）是一位资深的职业经理人，对于企业管理一向驾轻就熟，然而，执掌 Z 公司一年后，他突然"失去了感觉"。

Z 公司是 W 集团传统业务的电商板块，作为创新业务板块，Z 公司可谓 W 集团的"掌上明珠"，W 集团将新推出的、应用了某项专利技术的产品全部投放到 Z 公司。单纯从市场数据看，Z 公司主打的新产品毛利率是原来的 2 倍多，即使除去市场费用，Z 公司的净利润率也是传统业务的 1.5 倍。这样一个明星子公司，W 集团自然希望它有一个能打、可靠的掌舵人。

Z 公司最早的总经理是 W 集团分管市场的副总裁，在其带领下，Z 公司度过了业务培育期，打开了市场局面。完成任务后，副总裁回归集团承担了更重要的管理职责，休谟就成了他的继任者。

休谟原本是 W 集团 B 公司的总经理，他很有干劲、能征善战，平时很少在办公室，基本上一头扎在市场和客户端，好在休谟有一位非常善于管理的副总经理，两个人合作默契，班子团结，战斗力很强。连续几年，B公司都是W集团业绩最稳定、贡献利润最多、增长最快的子公司。在W集团，B公司备受关注除了业绩亮眼之外，还有一个很重要的原因——休谟是W集团老板娘的侄子，"皇亲国戚"的身份也是成就休谟的一个重要因素。

休谟到Z公司就职后，依然保持着风风火火的风格和十足的干劲，跑市场，拓客户，遴选直播供应商……忙得不亦乐乎。一开始，Z公司的业绩一路上扬，可是过了一段时间，就出现了增长乏力的情况，到了第四季度，竟然开始停滞不前甚至有下滑的态势。要知道，第四季度是Z公司的销售旺季。集团对此感觉非常不解。

对此，休谟也非常沮丧，他想把业绩搞好，但Z公司有一本难念的经。

首先，Z公司的薪酬调整出现了问题。所谓"新官上任三把火"，休谟的第一把火就烧在了Z公司的干部调整和薪酬调整上。经过了接近两周的访谈、了解，休谟根据调研的情况和自己的判断，先是对四个部门的负责人进行了调整，两个人做了岗位调换，一个人转岗，还有一个人从副手转正。然后，对薪酬不合理的十几个人进行了薪酬调整，其中，薪酬有升有降。干部的岗位调整还算顺利，薪酬的调整却受到了极大的阻力。被降薪的人非常不满，私底下经常发牢骚，工作积极性大幅度降低。

其次，Z公司的季度分红一波三折。休谟根据每个季度的业绩完成情况进行了精细的数据分析，并结合自己对人员情况的了解，高效地进行了季度分红。第一季度结束时有几个人提出了对分红方案的质疑，休谟没有回应，毕竟结果是明摆着的，没什么好质疑的。第二季度也有个别人来咨询，休谟一笑置之。后来就没有人来质疑了，休谟内心一阵窃喜：自己的方案终于得到大家的认可了。

最后，Z 公司的股权计划也是一块难啃的骨头。作为年度工作的重头戏，最后一个季度休谟花了整整一个周末的时间，熬了两个通宵，看数据，看往年业绩，终于做出了 Z 公司的股权计划。休谟自认为考虑得比较到位，他相信自己的方案是公平公正的。

到了年底，休谟准备回集团做述职，可是就在前一天晚上，当他在睡前习惯性浏览邮件时，却发现邮箱里竟然有八封离职申请，有三四个公司骨干竟然也提出了离职。那天晚上，休谟一直辗转反侧，不知道问题到底出在哪里。

其实，休谟至少有三个管理上的疏忽：第一，没有充分调动全体人员的积极性，没有与他们形成共识；第二，在 Z 公司沿袭自己在 B 公司的做事风格，没有建立健康的决策团队，什么事情都是一个人决策，导致刚愎自用。他在 B 公司时有一位善于内部管理的副总经理与他配合，而在 Z 公司却没有这样一个得力的搭档；第三，干部调整、人员调薪、季度分红、股权计划，没有一项不需要强有力的绩效管理支撑，W 集团、Z 公司与休谟的目标和意志需要有合适的落地工具。仅凭休谟一个人埋头做方案，恐怕难以给出让大家信服的结果。

如果说目标是彼岸，那么绩效管理工具就是到达彼岸的桨。绩效管理是实现目标的系统化操作，在企业经营管理中，它与目标的重要程度是相差无几的。

6.1 华为为什么没有被绩效主义毁掉

实现企业经营目标是不是一定要用绩效管理？我们要不要选择绩效主义？多年前有一篇文章讨论过这个话题。2007 年，索尼公司前常务董事天外伺郎发表了《绩效主义毁了索尼》，引发了关于绩效管理是否有价值的争论。文章指出，绩效主义使得"激情集团""挑战精神""团队精神"消失，最终毁了索尼。一时间反对绩效主义的声音此起彼伏。但是，我们在听到反对绩效考核的声音时，也应该注意到支持绩效考核的声音的存在。中国人民大学吴春波教授曾提出，在行业领军企业，绩效文化是基本的价值主张，绩效管理是基本的人力资源管理工具，绩效考核是基本的评价手段。

所以，在回答绩效主义是如何毁掉索尼这个问题时，我们不妨从另一个角度进行思考：索尼是否正确使用了绩效主义？绩效主义是一种工具，如果工具对使用者造成了伤害，或许是因为使用者的使用方式是错误的。成功实施绩效考核并带来组织绩效和员工绩效大幅提升的企业案例比比皆是。我们以小米和华为为例来一窥究竟。

小米曾做过脱离绩效主义的尝试，在2016年的小米年会上，雷军说："年初，我们定了一个8000万台的销售预期，不知不觉我们把预期当成了任务。我们所有的工作，都不自觉地围绕这个任务来展开，每天都在想怎么完成。在这样的压力下，我们的动作变形了，每个人脸上都一点一点失去了笑容。"于是，雷军提出："所以我们定下了2016年最重要的战略：开心就好。我们决定继续坚持'去KPI'的战略，放下包袱，解掉绳索，开开心心地做事。"

那么，结果如何呢？2016年，小米进入最低谷，法国《费加罗报》发表了题为《"中国苹果"小米昙花一现的童话》的报道，指出：相比2014年450亿美元的市值巅峰，仅仅不过两年时间，英美分析家们对小米市值的评估就下降到40亿美元，不足2015年的十分之一！而从之前业界对小米的估值来看其价值远高于此。2016年小米手机的销售也出现了停滞，2016 年第一季度出货量报告显示，小米以 920 万台的出货量 9% 的市场份额跻身国产品牌第五名，相比 2015 年同期的 1350 万台减少了 32%。而第二季度只出货 1050 万部，下滑近四成。

2017 年的年会上，雷军画风大变，他说，"天上不会掉馅饼，撸起袖子加油干"。他给小米定了一个全年业绩过千亿的 KPI，这个 1000 亿的"小目标"与绩效牢牢挂钩。在绩效主义的强风劲吹下，小米一路高歌，2018 年业绩同比增长 52.6%，达到 1749 亿，2019 年业绩同比增长 17.7%，达到 2058 亿。小米如今的成功离不开绩效管理的改革。

同样受益于绩效制度的还有华为。从《华为基本法》《华为人力资源管理纲要 2.0》可以看到，华为也是一个强绩效型企业，任正非曾多次强调"茶壶里的饺子我们是不认的""绩效是选拔干部的分水岭""末位淘汰"。在华为，无论是干部还是员工，评价其贡献的第一指标都是绩效结果。那么，华为的绩效主义为什么没有毁掉华为呢？华为的绩效管理是如何做的呢？如何进行正确的绩效管理呢？

1. 重视对人才多重维度的评价

华为的评价体系包括两大类，一类是绩效维度的评价，一类是绩效维度之上的人才评议，比如对使命感、担当、责任心等因素的评价。围绕"以客户为中心，不与客户争利；以奋斗者为本，不让奋斗者吃亏"的文化，华为建立了一套完整的价值评估体系，如图 6-1 所示。这套价值评估体系包括基于员工的 PBC 和 KPI 的绩效管理体系，基于职位描述与评价的职位管理体系，基于能力、态度和关键事件的价值观评价体系，基于组织绩效目标评价的年终述职制度以及基于能力绩效、素质、品德、干部评价体系。

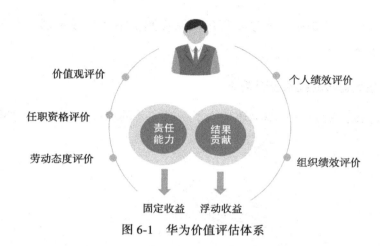

图 6-1 华为价值评估体系

2. 绩效考核标准详细、准确、贴合实际

《华为基本法》中提到,对于绩效考核,"宜细不宜粗",要求绩效考核指标尽量细化而且定量,例如,针对人力资源部门,员工招聘完成率及员工的离职率代替了人力资源整体工作表现这样的定性指标,而新员工培训完成率及培训满意度则代替了员工培训管理情况这样的定性指标。

如何做到详细、准确呢?关键的一点是"差异化"。华为把组织的责任中心划分为很多类,如经营中心、利润中心、收入中心、费用中心、成本中心、投资中心、政策中心等,它们都有不同的组织定位、不同的衡量指标、不同的牵引方向,一切都清晰明了,这就叫差异化。

对于每一个岗位,每一个层级,"绩效"一词都有着不同而且准确的定义。这样的考核显然比"一刀切""脱离企业实际"的考核更有效。

3. 高度注重对团队的考评

"华为文化的真正内核就是群体奋斗。"这样的企业文化,既强调了奋斗,又强调了群体,是一种典型的支持团队绩效的文化。为此,华为规定,在年终评定中,业绩不好的团队原则上不能提拔干部,也不允许跨部门提拔。

4. 建立完善的绩效管理系统

除了绩效的评估,华为还建立了一套完善的绩效管理系统,如图 6-2 所示。

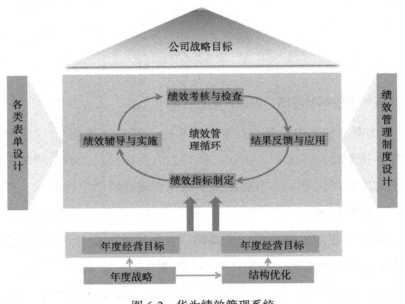

图 6-2　华为绩效管理系统

华为绩效管理系统包含四个环节。绩效指标制定环节要求制定的绩效指标要具体、量化、有适度的挑战性、有时限,能得到员工的认可;绩效辅导与实施环节重视绩效计划制定后的辅导工作,部门主管应该帮助员工达到绩效目标,层层管理,随时跟进;绩效考核与检查环节重视评估的多维、详细、准确;结果反馈与应用环节要求员工绩效考评结果必须有优良差的强制分布，分为"A""B+""B""C""D"五个等级，根据等级进行年终奖的分配，根据结果反馈还将对下一年的计划进行调整。

通过索尼与小米、华为的绩效管理应用的对比，我们可以得出五个结论：

第一，绩效管理本身是一套管理工具，用得好与不好是绩效主义可行不可行的关键。是毒药还是解药，关键在于怎么用。

第二，未经过绩效主义深度洗礼并形成强绩效文化的企业，很难超脱绩效管理的发展阶段，就算做了大量尝试，仍然需要回头补绩效管理的课。

第三，绩效管理是一套组合拳，它的有效落地需要多种机制的配合，战略、组织、企业文化、信息系统甚至人力资源，都是这套组合拳能否充分发挥作用的影响因素。

第四，绩效管理的本质是促使各方面因素完成目标。如何形成动力驱使组织和个体完成目标，并持续完成目标是绩效管理要思考的关键问题。从这个角度讲，增量绩效正循环也适用于绩效管理。绩效管理的工具是实现目标的方法，并不是问题本身。单纯重视绩效管理工具研究的做法并不足取，应该花大力气去探究绩效管理的本质。

第五，绩效管理的工具是多种多样的。企业在选择的时候需要认真、谨慎、全面地调研自身的具体情况，尤其是需要衡量企业对绩效管理变革的承受力，选择适合自身情况的方法和路径。

下面我们对绩效管理常用的工具进行简单介绍。

6.2 绩效管理常用工具

在中国谈绩效管理，避不开彭剑锋教授，他是《华为基本法》的起草人之一，也是华夏基石的董事长，带领华夏基石团队梳理出绩效管理的十种常用方法，包括 KPI、OKR、360 度评估、平衡计分卡、EVA[①]、标杆基准法、全面认可评价与积分制、流程绩效法、项目绩效法以及战略绩效管理法。其中，最常用的是 KPI、OKR、360 度评估。

6.2.1 KPI

KPI（Key Performance Indicator），指的是关键绩效指标，其理论基础是二八法则——最重要的只占其中小部分，均为 20%，其余 80% 尽管是多数却是次要的，也就是要抓关键价值驱动要素，抓主要矛盾。从本质上来说，KPI 是对企业战略成功关键要素的一种提炼和归纳，并把这些关键要素转化为可量化或者行为化的一套指标体系。所以，KPI 是事先确定和认可的、可量化的、能够反映目标实现度的一种重要的考核指标体系。

KPI 的目的是以关键指标为牵引，强化组织在某些关键绩效领域的资源配置能力，使组织全体成员的行为聚焦在战略成功关键要素及经营管理的重点问题上。

KPI 分为两种类型：一种是基于战略成功关键驱动要素的 KPI，称为战略性 KPI；一种是基于企业实际经营管理所必须要解决的主要矛盾与问题的 KPI，也就是现实经营问题导向的 KPI。举个例子，如果一家企业当下所面临的主要问题是质量不稳定、成本高、应收账款大，那么，

[①] EVA 是经济增加值（Economic Value Added）的英文缩写，是业绩度量指标。

提高质量稳定性、降低成本以及减少应收账款就可能成为这个企业下一年度的 KPI。再比如，某集团的人力资源管理出现了问题，在对分管副总裁的绩效考核中，KPI 就是战略性人力资源体系完善及提升、重大活动员工满意度等，如表 6-1 所示。

表 6-1 某集团人力资源分管副总裁 xx 年第一季度 KPI 与提报举例（部分）

KPI	目标值	计分标准	
战略性人力资源体系完善及提升	提交关键/核心骨干晋升、培养、薪酬、福利、绩效考核方案	1.0 / 0.8 / 0.6 / 0	
重大活动员工满意度	×× 满意度	1.0 / 0.8 / 0.6 / 0	
完成情况		自评	总裁审批
《××年公司关键/核心职务晋升管理制度》调整要点：明确了分系统/直线、分级管理的职责，优化了原有流程，设置了分级审批流程；对晋升至中心经理级及以上的人员重点考察其新岗位的履职情况，分层级建立履职档案			
《××年公司关键/核心骨干培养方案》调整要点：本方案根据公司的实际情况与发展要求，结合 2021 年度考评结果，以业绩能力与人际关系为评价依据进行人才盘点，明确进入本方案的关键/核心骨干人员范围；分析相关人员的职业发展需求状况，以此为依据，初步确定关键/核心骨干人才的培养方向与需求；聚焦培养需求，制定"分级、分批、分阶段"的具体培养方案，做到有针对性地培养人才，使培养效果最优			
《××年公司薪酬调整方案》调整要点：以岗定薪、薪随岗动；10 人工作，8 人干，拿 9 人工资；与人员优化相结合，各系统/部门薪资调整可支配总额为 ××。优化出人员薪资的 50% 及未优化人员薪资的 3%；薪资调整可支配总额包含但不限于"人员增加、关键/骨干和职务晋升员工薪资调整、补员等"造成的薪资差额；调整比例为 ××，薪资调整的员工比例最高上限为 30%（即对关键岗位人员进行调薪）；调薪员工个人的薪资调整幅度最高上限为 30%；在原薪资标准基础上，在两档间增加一档，缩小薪档间差距，处于 5%～7%			
《××年公司福利管理办法（职能部门、业务部门）》调整要点：分公司 ×× 人员除市内交通补助参照业务人员外，其余均按职能人员福利项目及标准执行；增加"×××副总经理/总经理助理"级别标准，调整"分公司总经理"级别标准；×× 级的市内交通补助由 1500 元/月调整为 5000 元/月；职务对应表格均有微调；关于购车补助，自文件生效之日起入司的经理级（业务一线经理级）以下员工，不再享受购车补助；关于外派津贴，对享受条件进行了补充；团队建设费关于三分之一用于周年庆支出；津贴类一律不特批			

（续）

完成情况	自评	总裁审批
《××年公司绩效考核办法》调整要点：制定《高管的绩效考核管理办法》；对"成本费用类""应收账款回收率""客户类定量""供应链"等指标相应规定进行了调整；业务一线人员月度绩效奖金系数变动从封顶1.25到封顶1.1；年终奖系数规定调整为"销售达成率<85%时，年终奖为0（注：为所有人员）"；制定《新事业体考核办法》		

KPI 的本质是抓关键，不追求系统、全面和完美的指标设计，其特点非常明确。

1. KPI 是基于战略的、聚焦主要矛盾的、可以层层分解的指标体系

KPI 不仅是一种绩效考核工具，也是一种战略落地工具，是通过将战略目标层层分解，细化出具体的战术目标及行动方案，来达成战略绩效目标的有效工具。因此，KPI 指标体系的绩效指标明确、简单、具体、可操作、可量化，聚焦于战略目标，承接企业战略意图，解决主要问题与矛盾。

华为在 1998 年确定"世界一流通信设备供应商"的战略目标后，公司高层在珠海进行封闭式大讨论，最终在六个维度达成共识，确定了成为世界一流企业的六大 KPIs，即市场优先、利润和增长、制造优先、顾客服务、人与文化、技术创新，如图 6-3 所示。

六大 KPIs 确定后，在全公司范围内继续对其细分。比如顾客服务，进一步分解为"服务质量、培训客户、项目管理"等 KPIs，并将每一个维度进行递延细分，确定出各个部门及岗位的 KPI，如服务质量可细分为产品满意度、服务态度满意度、产品安装成本、顾客响应速度、第一时间解决问题次数等众多可操作的 KPI。

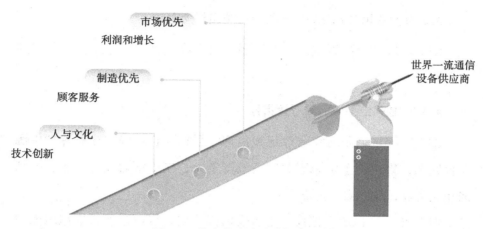

图 6-3 华为战略成功关键六要素

2. KPI 只抓取关键的、与业绩直接相关的指标

企业面临的经营管理问题是方方面面的,如果考核想要面面俱到,往往会顾此失彼,还有可能陷入复杂而无法操作的陷阱。所以,考核一定要抓关键、抓主要矛盾。按照二八法则,KPI 反映的就是绩效驱动的关键要素。

在企业发展的不同阶段,KPI 是不同的。企业发展初期,先要活下来,考核指标不需要很复杂,关注销售收入、回款等几个关键绩效指标就可以了。企业发展稳定后,企业要追求的是市场份额、客户数量、成长速度,就应设置相应的 KPI。当企业发展到一定规模后,就要变为追求规模效率、利润、资金周转、资产收益等 KPI 了。

KPI 就是一个指挥棒,在企业发展过程中,这些关键的、与业绩直接相关的指标可以指挥企业更有效地利用有限的资源,牵引组织和员工的行为,让战略能够有效聚焦,以关键要素驱动战略目标的实现。

3. KPI 是以财务指标或直接影响财务指标为主

KPI 以财务指标为主，比如利润、销售收入等，极少关注其他非财务指标。

4. KPI 是强结果导向的考核指标

KPI 一般与企业的经营计划和预算体系相配合，采取非对称性资源配置原则，集中配置资源于关键绩效要素上，集中绝对优势兵力，发动饱和式进攻，从而实现重点突破。

但 KPI 不重视过程把控，不重视内部协同，也不重视长期组织能力培育，会引发"短期主义"和"唯财务业绩论"。所谓绩效主义毁了索尼，就是指索尼在 20 世纪 90 年代中期引进以 KPI 为中心的定量化考核体系，破坏了索尼长期价值主义与团队主动协同合作的企业文化。因此，企业应用 KPI 时，需要配套其他手段来弥补 KPI 的不足。

6.2.2　OKR

1999 年，英特尔公司首先开始使用 OKR（Objectives and Key Results，目标与关键结果法），到目前为止，谷歌、甲骨文、领英、字节跳动、百度等众多互联网公司、高科技企业都采用了 OKR。华为已经开始在局部试点，尝试用 OKR 来替代或优化 KPI。

OKR 的关键步骤包括建立目标、确定目标关键成果、目标及成果的层级分解、组织成员认领关键目标、确定目标工作开展计划、OKR 沟通反馈、OKR 评价、设定新的 OKR。所以，本质上来说，OKR 并不是一种全新的绩效考核与方法体系，而是一套定义和追踪目标完成情况的管理工具和方法，其最大价值在于信息透明、激发潜能、过程动态调整、全员参与和目标对齐。

推动 OKR 需要关注以下几点：

1. 设定激进而聚焦的目标（Objectives）

目标激励是有效的非物质激励手段，OKR 强调目标比能力重要，过程比结果重要，要求员工要积极参与并提出有野心、挑战性的目标。OKR 希望通过足够鼓舞人心的目标，激发员工心中的潜能，所以鼓励员工提出完成度能达到 60%～70% 的目标。如果提出的目标 100% 完成了，则意味着目标不够大胆、缺乏想象力。OKR 比较适合业务具有不确定性、产品与技术创新性强的企业，同时评价结果与薪酬不做紧密关联。

在 OKR 的实施过程中，员工有很高的参与度，会参与从制定目标到目标实施的全过程，同时员工还要进行自查和回顾，看看制定的目标是否与公司的战略总体目标相吻合？每个人的目标是否对齐了别人的目标？目标是否有利于分解？等等。

OKR 在互联网公司盛行，其实与员工整体素质较高、组织内部信息对称、组织文化开放、员工追求更多参与感、高层参与推动等特点有直接关系。

2. 设定可衡量的关键结果（Key Result）

关键结果（KR）用于衡量指定目标的达成情况。如果目标要回答的是"我们想做什么"，关键结果要回答的则是"我们如何知道自己是否达成了目标的要求"。

KR 要符合 SMART 原则[⊖]，同时每个人的目标要与进度、上下左右的

⊖ SMART 原则指的是一个高效达成目标、实现目标的规划或者说是执行原则，指的是绩效指标必须是具体的（Specific）、可衡量的（Measurable）、可实现的（Attainable）、相关的（Relevant）、有时效性的（Time-bound）。

目标对齐。KR 应该是一个有挑战性的目标，这个目标给人感觉近乎无法实现，才有可能使人突破固有的思维方式。我们以某软件公司为例，来看看合理的 KR 应该是什么样的，如表 6-2 所示。

表 6-2 某软件公司 OKR 应用举例（部分）

O	提高产品的稳定性，使可用性达到 99.99%
KR	代码审阅覆盖率达到 100%； 测试流程专业化，用例覆盖率 100%，用例通过率 100%； 产品运行可靠，不多于 1 次宕机； Bug 平均停留不超过 3 天
O	发布 ×× 功能来增加参与度； 描述：功能 ×× 可以让商业用户在任何地方都能访问 Swipely，增加参与度、价值以及用于增加竞争对手的区分度
KR	发布 Alpha 版本，并从参与测试的 10 个客户那里获取反馈； 为销售团队做营销提供截屏和视频演示； 发布 Beta 版本； 实现 Beta 用户参与度 DAU/MAU 指标

同 KPI 一样，KR 也不宜过多，以 3～7 个为宜，过多的 KR 会导致企业在短期内无法聚焦。

3. 沟通：目标设定和进度更新

OKR 不是事后考核，而是基于未来，在目标实现过程中，时刻提醒团队和个人当前的目标和任务是什么，完成到哪种程度，应该做哪些调整，让员工为目标而工作而不是为指标而工作。

OKR 的关键结果是公开透明、大家认同的。所以，它更强调员工自我驱动、自我激励、自我评价，更强调目标实现过程的团队合作、平行协同，其沟通也强调方向的一致性，要求上下左右要对齐，领导与员工沟通 OKR 实际上是教练的过程。

我们以某公司为例，来了解 OKR 的操作流程，如图 6-4 所示。

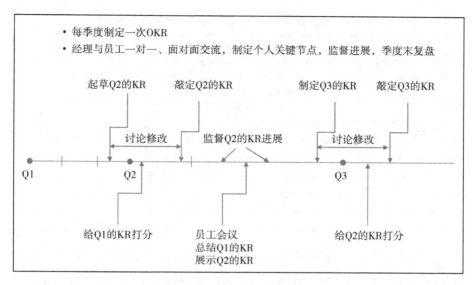

图 6-4　某公司 OKR 操作流程举例（部分）

4. 不做评估、忘记失败、获得帮助

OKR 的特点是不与绩效考核、激励挂钩，这是因为一旦将目标管理系统与绩效薪酬系统挂钩，目标容易夹杂很多演绎的成分，催生员工钻空子的行为。

所以，OKR 只做回顾，不做评估，一般通过周计划和周报等方式定期评审关键结果的执行情况，以实现目标为核心，强调兼顾结果与过程，绩效结果与薪酬、奖金、晋升弱挂钩。从某公司的 OKR 评分规则中，就能看出这一点，如表 6-3 所示。

更适合采用 OKR 的企业类型或者场景包括以下三种。

一是人力资本密集型产业。OKR 强调激发人的潜能，强调人是价值创造的最大主体，所以在人力资本密集型产业，如互联网、律所、咨询机构、科研院所等产业，可以使用 OKR。

表 6-3　某公司 OKR 评分规则与评分表举例（部分）

评分规则（满分 100 分）
100= 不可思议的成果；感觉近乎不可能实现，要求改变思维定式，用不同的方式去思考。
70= 希望可以做到这个程度，这会有些困难，但并非不可能实现（50 比 50 的可能性）。
30 = 不需要付出比处理常规工作更多的努力就可以完成。

评分表

负责人	目标（O）	关键结果（KR）	KR 权重	O 分值

二是初创型、创新型企业。很多新兴产业，产业发展不成熟，商业模式属于探索期，企业战略方向不明确，组织结构不稳定，内部角色有重叠，业务工作创新性强，往往又采取项目制运作，需要平行协同与合作。对这类需要更多地发挥员工的主动性和创造性的企业而言，OKR 可能是一种值得引进的绩效管理工具方法。

三是鼓励持续做大增量的企业。OKR 鼓励不断挑战极限，所以追求持续做大增量的企业，也可以尝试引入 OKR 作为 KPI 的辅助工具。在稳态的业务与组织模式下，用 KPI 进行考核，与工资职位挂钩。在需要持续突破的业务领域，引入 OKR，鼓励激发潜能，持续突破，做大蛋糕，分享增量。

反过来说，有些企业或者场景不适合采用 OKR，比如传统、稳定、匀速成长的企业更适合采用平衡计分卡与 KPI 结合的方式。

6.2.3　360 度评估

360 度评估（360 Degree Feedback）是一种行为导向的绩效评估方

法，最早应用于第二次世界大战时期士兵的战斗力评估与选拔，后来延伸到企业管理领域。

为了实现评价信息的客观、全面、可靠，360度评估的信息来源于三个层面：周边反馈，包括上级、同事、下级、内外部客户等的反馈；组织反馈，正式任务环境下的团队评价；自我反馈。在对被评价者全方位、多维度的评估后，将结果反馈给员工，帮助员工了解自身在哪些绩效维度存在不足，以开发员工潜能，塑造员工行为，提高工作绩效。

在使用360度评估时，企业需要注意以下几点：

1. 适用于人才管理而非仅仅用于奖惩

华夏基石提出了人才发展SOP模型，包括人才定义、人才测评、人才选拔、人才培养、人才任用等五大环节。360度评估在人才测评与人才选拔环节可筛选出价值观、能力、业绩俱佳的人才。在人才培养维度，一方面通过"照镜子"提出培养需求，另一方面通过结果反馈，让被评价者了解自己工作过程的全貌与不足，提升自我认知，从而加以改进。在人才任用的考核层面，周边绩效也在考察范围之内，提高人才的全局意识和合作态度，发挥 1+1+1 > 3 的内部协同性。

2. 适合稳定期而非初创或变革期

360度评估对于组织环境有"三稳定"的要求，即战略相对稳定、组织结构相对稳定、人员相对稳定，因此适用于成熟期的企业。

初创期的企业，人员配备不完善、上下级关系不明确，且由于企业规模较小，往往会出现样本不足或受人情世故影响而做出不合理评价的情况，因此不适合使用360度评估。

高成长期的企业，内外部环境变化较快，人员变化大。变革期的企业、内部业务、结构、人员不稳定，因此都不适合采取360度评估。

3. 360度评估以批评与自我批评精神为基础

信任、坦诚、开放的组织氛围是360度评估成功运用的基础。在群体至上、崇尚中庸和稳定的文化背景下，怯于变革、碍于面子、封闭自我、羞于表达是员工的普遍心态。要想取得实效，需要内部加强对批评与自我批评精神的宣导，真正将360度评估变成内部反馈的有效工具。

4. 360度评估需要与其他绩效考核手段相配合

360度评估面向过程和行为，属于定性评估的手段。它与结果性绩效考核不是替代关系，而是互补关系。因此，企业实施360度评估的前提是首先有一套基于结果考核的绩效管理工具，例如KPI或平衡计分卡等，在此基础上加入360度评估予以补充和完善。

在企业实践中，360度评估主要应用于企业内部的协同绩效评价及周边绩效评价，有利于构建内部协同机制，通过周边绩效交互评价的手段，让不同部门和员工之间，能够加强沟通，增进信任。

360度评估也可以用于干部的选拔，通过基于行为的胜任力模型评估，能够发掘更适合的管理者，如表6-4所示。

表6-4 某公司干部选拔360度评估关系梳理（局部）

序号	工号	被评价者	上级主管	直接下属1	直接下属2	直接下属3	强合作评级同事1	强合作评级同事2
1	200828	马××	邹×	陈××	黎×	吴××	俞×	陈×
2	200834	黄××	钱××	沈×	周×	王××	李×	罗××
3	200589	陈×	鄂××	唐××	董××	阙××	刘×	周××
4	200188	叶×	向×	桂××	李×	毛××	金××	胡×
5	100291	赵××	吴×	齐××	胡××	黄×	王××	陈×

总之，360 度评估有利于协同，有利于合作，有利于内外部客户价值的创造，有利于构建组织产业生态，有利于相关利益者的价值最大化。企业可以利用 360 度评估构建内部协同机制，加强管理者能力评估，加强战略协同，增强内部及外部客户关系，优化人力资源周边环境，加强批评与自我批评的文化和机制。

当然，作为纯主观评价，360 度评估也有极大的限制性，比如让干部和员工不敢得罪人，争当老好人，容易出中庸型人才，还有可能使优秀的人被淘汰。另外，无论记名与否，360 度评估都有可能变成走过场、走形式，这也为 360 度评估在企业的落地执行带来了障碍。

6.3 个人绩效承诺（PBC）方法简介

企业应该根据自身需要选择绩效管理工具。华为是绩效主义受益者的标杆，我们以华为的绩效管理工具 PBC 为例，对一整套绩效管理方法（含工具）完整解剖。

6.3.1 PBC 释义

PBC，Personal Business Commitment，即个人绩效承诺，总共分为业务目标、管理目标、个人发展目标三部分。

关于 PBC，我们应树立五个方面的认识。

第一，每个员工都要在年初制定自己的 PBC，并列举出下一年为实现目标所需要采取的行动，相当于立下了一个一年期的"军令状"。

第二，制定 PBC 时，需要个人与其直属经理共同商讨，这样可以使个人计划与整个部门计划相融合，确保其切实可行，即员工所做所想要符合企业的价值观。

第三，PBC 的考察主要从业绩完成情况、执行力度和团队精神这三个方面进行，每月经理会协助员工对 PBC 的完成情况进行考察，到了年末直属经理会给下属的 PBC 打分，下属也会对直属经理的 PBC 打分。

第四，要想在 PBC 上取得高分，必须切实了解自己部门的运作目标，掌握工作重点，发挥最佳团队精神，并彻底执行。

第五，绩效评估结果将与员工自身的薪酬、晋升、发展紧密相连，具体体现在绩效奖金发放、员工薪酬调整、员工晋升/岗位变更、员工培养发展等方面。

为什么要推行 PBC？这是因为 PBC 是基于企业战略的关键任务分解，通过过程管理与辅导，可以保证战略的达成；PBC 可以使 KPI 不再是唯一的评价标准，增加了关键任务、胜任力等其他因素对评估的影响；PBC 强化了岗位绩效与组织绩效相结合，建立利益共同体，有利于团队意识形成；PBC 为管理者提供了日常绩效管理与辅导的工具，保障了评估的公平性与客观性。

值得一提的是，PBC 能否有效牵引个人绩效，很大程度上取决于分管领导和各级部门负责人能否很好地使用这一人员管理工具。从这个角度说，推行 PBC 也是提升组织管理能力的一种有效手段。

6.3.2 考核中的角色及职责

在 PBC 中，考核角色分为四种，如表 6-5 所示。

PBC 的考核分为三个阶段：

1. 第一阶段：目标设置

在这一阶段，直接上级与员工就绩效考核目标达成共识，根据

SMART 原则共同制定员工个人绩效承诺。个人绩效承诺目标可能来源于部门总目标，体现出该职位对总目标的贡献，可能来源于跨部门团队或业务流程最终目标，体现出该职位对跨部门团队目标或流程终点的支持，也可能来源于职位应承担的责任。

表 6-5　PBC 考核中的角色及职责

角色	职责
分管领导	对员工绩效结果给出最终结果的管理者
部门负责人	直接从事对被考核者工作指导、工作管理的直接上级或业务上级，主要根据员工的职位职责、项目计划对员工的工作表现提出绩效评价
员工	被考核者，是考核的主体对象
HRBP	参与制订绩效方案，推动计划方案落地，监督考核执行情况，并持续提出优化意见

个人绩效承诺目标的主要内容包括三个方面：

一是结果目标承诺。员工承诺本人在考核期内所要达成的绩效结果性目标，可以支持部门或项目组团队总目标的实现。

二是执行措施承诺。为达成绩效结果性目标，员工应通过什么方法及关键措施，以确保结果目标的最终达成。

三是团队合作承诺。为保证团队整体绩效的达成，员工对团队目标的理解、团队角色、时间分配、相互支持等方面进行承诺。

2. 第二阶段：沟通反馈

第二阶段是直接上级辅导员工共同达成目标/计划的过程，也是直接上级收集及记录员工行为、结果的关键事件或数据的过程。管理者应注重在部门内建立健全"双向沟通"制度，包括周/月例会制度、周/月总结制度、汇报/总结制度、关键事件记录、工作日志制度、周工作记录制度等。

3. 第三阶段，绩效评价

在这一阶段，直接上级综合收集到的考核信息，对照被考核者的个人绩效承诺，做出客观评价。评价结果经考核审议者同意后，由直接上级就考核结果与员工进行正式的反馈沟通。

对于考核期内参加跨部门项目工作的员工，根据其在项目组的职责定位、时间投入，由项目负责人做出项目范围内的工作绩效表现评价，项目组负责人有考核建议权，其权重根据被考核者的职责及时间投入确定。部门考核责任者要参考项目组的评价结果，综合各方面的绩效情况提出考核结果，考核结果事先须与项目负责人进行沟通，达成一致意见。

另外还有一个附加阶段，就是绩效改进阶段（PIP阶段）。绩效改进阶段是为绩效不理想的人员准备的，在这一阶段，他们可以聚焦问题、进行针对性的改进，进而取得绩效改观或者岗位调整（当然也有可能是被组织淘汰）。

综合以上内容，我们可以了解到PBC考核各阶段角色与职责的全貌，如表6-6所示。

表6-6　PBC不同阶段关键角色及职责

重要阶段	部门负责人	分管领导
目标设置阶段	（1）发送自己的PBC目标给下属（根据下属的实际情况分解自己的PBC目标；发送自己的PBC给PBC承诺人，对于其不理解的内容予以解释和辅导）； （2）与员工沟通PBC目标； （3）复核承诺人的PBC目标	分解PBC目标（将个人的PBC目标及组织目标，主动与所分管的部门负责人沟通；将自身的PBC目标发给直接下级，分解到直接下级如部门负责人的PBC目标中，并达成一致）
沟通反馈阶段	（1）多方了解员工的绩效情况； （2）针对员工在本阶段的绩效表现给予反馈； （3）分析绩效问题的原因； （4）沟通PBC修改意见	与部门负责人沟通员工绩效是否存在问题，以及是否需要修改目标

(续)

重要阶段	部门负责人	分管领导
绩效评价阶段	（1）多方了解员工的绩效情况； （2）给员工打分； （3）为沟通 PBC 评价结果做准备； （4）就评价结果与员工进行沟通	（1）与部门负责人沟通； （2）复核绩效评价等级
PIP 阶段	（1）填写 PIP 改进计划表中员工的主要绩效问题； （2）与员工沟通 PIP 目标； （3）与员工定期回顾； （4）评价员工的绩效表现； （5）与员工沟通 PIP 评价结果	（1）在 PIP 期初，参加与部门负责人、HRBP 等相关人员的会议，共同商讨低绩效员工的主要绩效问题和绩效提升期望。讨论结束后，就员工的绩效问题和绩效提升期望予以明确，并签字确认； （2）在 PIP 期末，参加会议，共同讨论 PIP 评价结果，讨论结束后，就员工的 PIP 评价结果签字确认

6.3.3 考核工作推进原则

PBC 考核推进工作需要遵循以下三个原则。

1. 上下目标的对齐原则

上下目标对齐是指公司目标、部门（广义部门，包括中间各层组织）目标、个人目标达成一致。在 PBC 工作推进中，有两个环节涉及上下目标对齐，第一个环节是目标制定环节，第二个环节是考核结果核定环节。目标制定环节一般要经过自下而上、自上而下两个过程，形成一个循环。如图 6-5 所示，自下而上过程是由员工想做什么来驱动的，这也是个人绩效承诺的核心理念——想做的事情会形成承诺。自上而下的过程是由组织想做什么来驱动的，这个过程是"修正"员工想做什么的过程。一上一下，两次沟通，达成一致，这就是所谓的"对齐"。

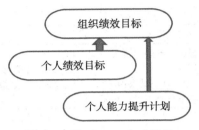

图 6-5 员工 PBC 生成路径

2. 目标与检核的 SMART 原则

在绩效管理领域，SMART 原则是通识性原则。怎样才算是遵循 SMART 原则？我们将 SMART 原则的正反面对比做了梳理，如表 6-7 所示。

表 6-7 SMART 原则正反面对比

原则	正确做法	错误做法
具体的 （Specific）	（1）切中目标； （2）适度细化； （3）随情境变化	（1）抽象的； （2）未经细化； （3）复制其他情境中的指标
可衡量的 （Measurable）	（1）数量化的； （2）客观的； （3）数据或信息可得	数据或信息无从获得
可实现的 （Attainable）	（1）付出努力可以实现； （2）在适度的时限内实现	（1）过高或过低的目标； （2）期间过长
相关的 （Relevant）	（1）与公司、部门目标相关联； （2）被考核者可控的目标	（1）个人主观认为的或感兴趣的目标； （2）被考核者不可控的目标
有时效性的 （Time-related）	（1）使用时间单位； （2）关注效率	（1）不考虑时效性； （2）模糊的时间概念

3. 绝对考核和相对考核相结合的原则

绝对考核是"人和目标/标准比"，相对考核是"人和人比"。绝对考核与相对考核不是互斥的关系：绝对考核是基础，在完成"人和目标/

标准比"的前提下,才能进行"人和人比",这一点是华为赛马机制在绩效管理中的应用体现。绝对考核的目标和标准也是不断调整的,并非一成不变的。从图6-6中,我们可以看出绝对考核与相对考核的特点。

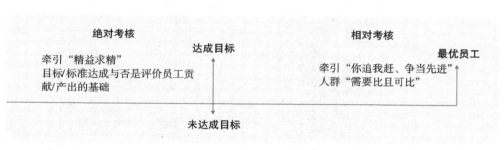

图6-6 绝对考核和相对考核

考核方法的选择,需基于组织的管理策略和人群特征来确定,针对某些特定岗位(例如作业类员工),不做相对比较。

对考核结果的审视、认定过程也很好地体现了绝对考核和相对考核的区分。考核结果的审视流程分为四个步骤。

第一步,员工自评。对照PBC目标,进行实际完成情况的自评。

第二步,主管初评。这一动作又分为两个部分,一是绝对评价部分,主管收集绩效意见,澄清绩效事实,对照员工PBC,首先评价目标达成情况,对于PBC不能涵盖的职责履行情况和超越职责的贡献,基于客观事实进行评价;二是相对评价部分,主管基于绝对评价意见,对员工进行相对排序,并给出支撑排序结果的评价意见,确定初评结果。

第三步,集体评议。控制比例分布,审视高低绩效和特殊人群,确定绩效评价结果。这一步由上级AT(经营管理团队)实施。

第四步,结果审批。审视团队整体绩效分布,批准绩效评价结果后公示。这一步由上上级AT(若有)实施。

以上四个步骤，第二步完成的是绝对考核，第三、第四步完成的是相对考核，形象化展示如图6-7所示。

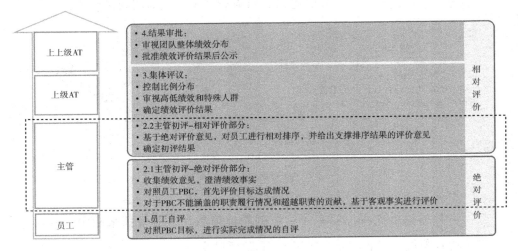

图6-7　绩效评价流程与权限对应图

6.3.4　PBC目标的设置

如前文中所述，PBC聚焦业务目标、管理目标、个人发展目标三类目标，那么，这三类目标是如何设置的？

1. 业务目标（Business Goals）

业务目标是符合企业战略发展目标要求、所在部门业务策略要求的经营业务类目标，包括关键绩效指标KPI和关键工作任务指标KPA，通过公司、部门指标的分解，结合职责和重点任务制定，突出业务重点。业务目标的总数以5～7个为宜。

我们可以从以下六个来源来设定业务目标，如图6-8所示。

图 6-8　业务目标制定的六个来源

来源一：公司战略发展思路。要回答的问题：今年公司的总体业务目标是什么？

来源二：公司的价值观。要回答的问题：什么是公司鼓励提倡的？什么是应该避免的？

来源三：部门职责与部门绩效指标。要回答的问题：我部门的职责是什么？年度考核的指标是什么？哪些是我需要承担的？

来源四：岗位职责。要回答的问题：我的岗位价值是什么？我的日常工作是什么？

来源五：部门阶段性重点工作。要回答的问题：我的部门今年需要做好哪几件重点工作？

来源六：上级、同事和客户的信息。要回答的问题：领导期望我做什么？我需要和同事有哪些配合？我要向客户传递什么价值？

回答好了这些问题，把问题按照重要和紧急程度排序，再进行适度的聚焦、删减，就可以生成业务目标。

将业务目标放入 PBC 的时候，要注意设定业务目标的三大要点：一是员工应当在管理者的指导下设定一系列符合自己岗位、职级和责任的业务目标。二是在实现目标过程中应当描述达成关键目标的最重要的执行方式。三是每个业务目标用一两句话描述即可。

2. 管理目标（Management Goals）

管理目标是反映管理者是否有效领导员工，并创造让人才脱颖而出的管理氛围的目标，只针对管理人员设置，引导管理人员关注团队建设、下属培育，培养管理人员的领导能力，指标总数以 2～4 个为宜。

我们将员工管理目标的设定过程整理成一个模型，如图 6-9 所示。

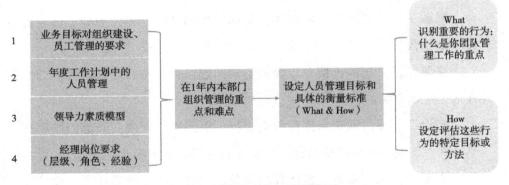

图 6-9　员工管理目标设定模型

在设定员工管理目标的时候，我们可遵循 4-2 模型，即从四个维度（业务目标对组织建设、员工管理的要求；年度工作计划中的人员管理；领导力素质模型；经理岗位要求，包括层级、角色以及经验等）中抽取问题，形成在某一时期内（比如一年）的员工管理重点和难点（2～4 个为宜），然后再细化具体的目标与衡量标准。

为了便于主管设定员工管理目标，我们同时给出了优秀经理应该具备的七个管理行为作为参照，分别是：

- 确保员工理解自己的工作,以更好地实现公司的战略目标和部门目标;
- 身体力行,建立清晰的绩效标准,积极管理低绩效者;
- 认可员工或团队做出的卓越贡献;
- 培养团队氛围,发扬公司的企业文化和核心价值观;
- 鼓励员工勇于创新,支持可付诸实践的员工想法;
- 指导员工,帮助员工建立适合自己的个人发展计划和发展目标;
- 确保积极的绩效氛围,倾听员工诉说并找出问题,帮助员工在公司管理结构中游刃有余。

设定好的员工管理目标示例如表 6-8 所示。

表 6-8 员工管理目标示例(部分)

员工管理目标	衡量标准	权重
(1)定期与下属回顾业绩,讨论个人目标是否与部门目标保持一致,鼓励并辅导下属改进; (2)绩效回顾与辅导计划达成率 100%	计算公式 = 实际进行绩效回顾与辅导的次数 / 计划次数 ×100% 可依据相关绩效辅导或回顾的记录	25%
(1)通过重点培养,帮助员工晋升,确保关键岗位的人才梯队建设; (2)骨干员工培养计划达成 100%	计算公式 = 关键岗位储备人员数 / 人员规划中关键岗位储备人员数 ×100% 评价方法: (1)等于目标值,得 100 分; (2)比目标值每提高 1%,加分,最高 140 分; (3)比目标值每降低 1%,减分; (4)介于其中按线性关系计算	50%
(1)推动关键人才的招聘; (2)关键人才招聘计划完成率 90%	计算公式 =(实际招聘人数 / 当期计划招聘总人数)×100% 评价方法: (1)等于目标值,得 100 分; (2)比目标值每提高 1%,加分,最高 140 分; (3)比目标值每降低 1%,减分; (4)介于其中按线性关系计算	25%

3. 个人发展目标（Development Goals）

个人发展目标是增强实现业务目标和管理目标的能力，同时实现个人发展计划或其他发展要求的目标。每位员工在管理人员的协助下设置个人的发展目标，个人发展目标能引导员工不断提高自身能力，从而推动个人和组织绩效的提高。

为了确保职业发展与目标设定相关联，每个员工都要设定2~4个发展目标来提高自己的能力，从而更好地实现业务目标和人员管理目标。

员工应当在上级的指导下设定个人发展目标，具体步骤：第一步，回顾业务目标（经理还需考虑人员管理目标），确定发展需求；第二步，设定2~4个优先发展的目标。设定个人发展目标有利于员工扩展知识面，深入研究某领域的知识；有利于获取新的专业技术；有利于巩固和提升某一领域或者岗位所需的能力和素质；有利于增加经验值。

业务目标、管理目标与个人发展目标设定好后，我们可以用 PBC 考核表对这些目标进行审视，如表 6-9 所示。

表 6-9　PBC 目标设定检核表

编号	PBC 目标设定评价维度	是	否
1	目标是否反映了要完成的至关重要的结果？		
2	目标是否具有合适的难度？		
3	目标与员工的级别是否相称？		
4	目标是否反映了公司的价值观？		
5	目标是否能提升员工行为，从而超越客户期望？		
6	目标是否能促进创新？		
7	目标是否有助于建立基于信任和尊重的员工关系？		
8	目标是否明确？		
9	目标是否详述了如何衡量结果？		
10	目标与公司战略目标及部门目标是否一致？		
11	目标是否是结果导向的？		

(续)

编号	PBC 目标设定评价维度	是	否
12	目标完成是否确定了时间节点？		
13	是否和上级讨论并一致通过了这些目标设定？		
14	加总员工的目标是否能实现部门的目标？		

以上选项，选择"是"的越多，说明 PBC 制定得越科学、越到位。

6.3.5 具体实施细则

具体实施细则包括考核周期设置、结果等级设置、绩效等级比例设置以及绩效考核实施流程等。

1. 考核周期设置

华为中基层员工的绩效考核按半年度考核；下半年度为年度考核；各系统、部门可根据实际情况细化考核规则，设置季度、月度考核。

2. 结果等级设置

华为将考核结果等级划分为五级，如表 6-10 所示。

表 6-10　考核结果等级五级分布表

等级	等级定义	等级说明
A	杰出贡献者	明显超出组织期望
B+	重要贡献者	达到并经常超出组织期望
B	正常贡献者	达到组织期望，并部分超出
C	绩效待改进者	未达到组织期望
D	不可接受者	不可接受

3. 绩效等级比例设置

华为对绩效等级比例的总体管理规则为"A（10%～15%）、B+/B（75%～85%）、C/D（5%～10%）"。由各级管理团队根据组织绩效确定下级团队的等级比例。以一层组织为单位，保证"年度考核周期"内考核比例分布符合公司要求。

除此之外，管理者按照组织层级分层控制比例，专业员工按照个人职级分级控制比例。

考核结果等级五级分布与绩效等级比例管理原则的设计具有相对的合理性，体现在：一是等级分为五级，不多不少，兼顾区分度和简洁性。区分度解决的是人员绩效的分层问题，简洁性解决的是管理效率和操作方便性问题。二是等级比例设置较好地兼顾了奖励、鼓励、惩罚的分寸。A 等级的设置有利于绩优人员的快速识别，有利于形成全员牵引；B+ 等级的设置较好地处理了比普通表现好、比杰出表现差的相当一部分员工的评价问题，符合常识和人性。C 等级的设置给绩效欠佳人员留足空间与余地；D 等级的设置像一条鞭子，形成绩效压力，鞭策全员奋进。三是各个等级的要求给出了便于操作的框架，有利于绩效管理结果的生成。比如 A 等级要求"明显超出组织期望"，可以被操作者解读为"各个指标都能够达到挑战目标"。

4. 绩效考核实施流程

绩效考核实施流程主要包括八个基本动作：一是 HR 发起 PBC 制定流程；二是各部门制定员工 PBC（HRBP 选择性地参与制定）；三是各层级主管制定主管级 PBC 目标（HRBP 参与制定）；四是各负责人根据公司下达的 PBC 目标与各级主管提报的 PBC 目标进行差异分析、调整，并促成下属主管与员工层层对齐（这一步是关键，须面谈确认；HRBP 做到重点人员和环节参与，并将对齐后的 PBC 报备 HR）；五是 HR 发起 PBC 评估流程；六是各层级员工、主管 PBC 自评；七是各层级员工、主管进行 PBC 评估（HRBP 参与主管级 PBC 评估，选择性参与员工级 PBC 评估）；八是各层级员工、主管进行 PBC 面谈（HRBP 参与主管级 PBC 面谈，选择性地参与员工级 PBC 面谈），达成一致的结果提报 AT 审核，审核确认过之后提报上级 AT 审核，审核通过报备 HR。

6.3.6　PBC 考核结果运用

一般情况下，PBC 考核结果有以下几方面的应用。

一是作为"我"晋升或者淘汰的依据之一：年度内连续两次为 C，或者一次为 D 的，进行优化（优化动作包括调岗、降级降薪或解聘）；年度考评为 C 或连续两次为 B，取消次年职级晋升资格，并进入绩效改进计划，改进不明显进入优化流程。

二是作为"我"培训指导的依据。

三是作为"我"未来发展的依据（公司人员使用培养的依据）。

四是作为"我"年度奖金分配、来年调薪的依据。原则上，年度绩效考评为 A、B+，优先确保加薪；考评为 B，酌情调整；考评为 C 以下，可冻结加薪计划；年度奖金分配可根据实际情况设计对应系数。

五是作为员工长期激励方案的依据。

CHAPTER 7
第 7 章

强激励
设计增量薪酬结构与激励机制

"我"当保安的那些年

在职场中，几乎每个人都会经历跳槽，我们这个跳槽故事的主角是大壮。大壮三十二三岁，是一名保安。很多人以为保安的工作很简单，没有什么波澜，大壮的跳槽故事却很精彩。

大壮之所以当保安，源于机缘巧合。他出生在农村，初中毕业就回家种地了。过了两年开始养兔子，赚了一点钱，改行养鸡。但是因为技术问题，一棚鸡生病死了一大半，不仅之前赚的那点钱都赔了进去，还欠了不少外债。为了赚钱还债养家，他只好出来打工。他没有什么专业技能，因此，从一开始到现在职业发展方向很清晰，就是当保安。

大壮当保安的经历可以分为六个阶段。

第一阶段，大壮在一家小服装厂做保安，月工资2200元，月休2天，不管吃不管住。大壮和几个保安同事在服装厂附近的小村子租了一套农民房，四个人挤一间，每个月房租 600 元。同事们轮流买菜、做饭，费用均摊。做了一年。

第二阶段，大壮找了一家国企当保安，月工资 1700 元，月休 4 天，管吃管住，而且逢年过节还有福利，大米、花生油、粽子、月饼都会发。大壮最开心的一次是过年发了一张超市卡。做了一年。

第三阶段，大壮在一家民营物流公司当保安，月工资 3200 元，月休 4 天，管吃管住。有节假日福利，还时不时发放劳保用品，工装、胶鞋基本都不用买。做了一年。

第四阶段，大壮换到一家上市公司，这家公司有自己独立的园区，月工资 3000 元，月休 4 天，管吃管住。每个月考核结果排名在前五名的，有额外奖金，从 400 元到 800 元不等。节假日福利也会根据考核结果分档，排名靠前的福利种类更多。做了一年。

第五阶段，大壮被老同事推荐到了一个电商园区，基本工资 2000 元，管吃管住，月休 2 天。但是如果实现安全生产目标，电商园区的 24 家公司每家会给大壮发 100 元钱的奖金。如果大壮尽忠职守，排除安全生产清单上罗列的问题，光每个月的奖金就有 2400 元，加上基本工资，每个月的收入是 4400 元。这次大壮没有做"一年先生"，干了两年多的时间，不过还是被下一家"神奇"的单位给撬走了。

第六阶段，这次大壮跳槽到了一家做互联网电商的公司，基本工资增长不多，2500 元，月休 4 天，管吃不管住。不过，公司有几个地方非常吸引大壮。第一，公司人员不多，但全部人员的奖金都会和业绩挂钩。每个月只要完成一定的标准，就会有奖金发，奖金的数额不固定，少的时候是半个月工资，多的时候是 1 个月工资，几乎月月都有。第二，公司由保安代行快递管理服务，一件快递代收发 1 块钱，一个月下来，大壮光这一项就有几百块钱的收入。第三，行政部门有专门的节水节电节纸废纸箱专项奖励。通过奖励办法，每个季度大壮也会有一笔可观的收益。第四，公司员工关爱计划中，对于外地务工人员，每年会根据标准提供两次探亲交通费用报销。有了这一条，大壮再也不会舍不得买回家的火车票了。现在，大壮已经在这家单位工作了快三年了，一直很稳定。

虽然大壮只是一名保安，但他的故事揭示出，对一家公司来说，设计一套结构合理、方式多元的薪酬与激励机制是多么重要！

绩效管理的落地不是以绩效考核结果的获取为终点的，甚至不是以绩效考核结果的应用为终点的。在增量绩效管理体系中，绩效考核结果的获取与应用仅仅是一个起点，它将会连通整个分配体系，包括薪酬与激励。本章就薪酬结构与激励机制做框架性阐述。

在企业管理和人力资源体系中，薪酬结构与激励机制不仅内涵丰富，而且相对隐秘，这一部分我们尽量用案例来展现与增量绩效法配套的薪酬结构与激励机制的设计方法。

7.1 增量薪酬结构设计

增量薪酬结构体系将员工的总收入分为三个部分、五类十三种来源，如图 7-1 所示。

7.1.1 总收入包的构成

总收入由薪酬包、中长期收益、津补贴构成。

薪酬包可以理解为企业为员工的工作而发放的现金型报酬，包括工资、现金激励、特别激励（回溯激励现金、项目特别激励现金、关键事件激励获得的现金）。其中回溯激励的设置通常可以分为两种情形，一是为了解决原有激励机制的疏漏，二是之前市场环境下难以设置激励计划，随着市场情况的明朗化，设置激励计划的时机逐渐成熟。回溯激励通常是针对新产品或者新技术的，这类产品或者技术往往能给公司带来"意外之喜"。

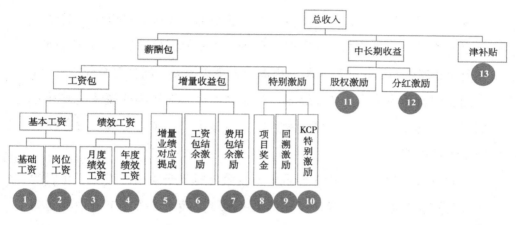

图 7-1　增量薪酬结构

华为曾经对技术探索团队和个人设置过回溯激励，在其决议[⊖]中指出，设置回溯激励的初衷是："只有有科学的历史观，才会有科学的发展观，不忘记英雄才能更好地激发更多英雄奋战。鉴于技术探索的长期性、不确定性等特点，需要建立当期激励和回溯激励相结合的机制，以更好牵引从事技术探索的团队和个人直面挑战、坚韧不拔、持续贡献，落实公司不让'雷锋'吃亏的激励导向。"

华为的回溯激励主要面向以下技术探索场景的团队和个人：

⊖ 引用自华为公司 2021 年 2 月 3 日签发的《关于对技术探索团队和个人回溯激励的决议》。

- 技术探索前期方向和价值不清晰，能够克服资源不足等挑战坚持开拓进取，并最终取得胜利的团队和个人；
- 技术探索存在多个路径，证明所探索路径不可行、帮助公司少走弯路的团队和个人。

华为在对这些人员或团队进行激励时，回溯时段的个人绩效结果可以修改并作为该时段的最终绩效；结合历史激励状况，可以对回溯团队和个人给予一次性奖金补偿。奖金原则上以及时激励（TIA）方式发放，由公司战略奖金支付；对贡献突出的个人可以先做人岗晋升和任职晋升，并同步调整薪酬待遇，长期激励可基于新的个人职级满配授予；鼓励分层级对回溯团队和个人做精神激励，如表彰大会、荣誉称号、勋章奖章和立体宣传等。

薪酬包中的基本工资部分是绝大多数公司善于使用的模块。我们就绩效工资和基本工资的联动模式做适度展开。绩效工资是工资中的变动部分，绩效工资按考核与发放周期分为月度绩效工资和年度绩效工资，绩效工资的发放与组织绩效（团队绩效）/个人绩效考核结果相关联，组织绩效决定有无，个人绩效决定多少。设计绩效工资可以借鉴的几个关键步骤：

1. 对人员进行分类

对人员进行分类是进行绩效管理的一个基础，以某公司为例，人员分类如表 7-1 所示。

2. 设置工资包结构

根据公司薪酬策略和职级划分拆分工资包结构，比如，某公司将基本工资设置为 X，绩效工资设置为 Y，将月度绩效工资设置为 a，年度绩效工资设置为 b。通过设置 X : Y 以及 a : b 的不同比例，就可以得到适合本公司的工资包结构，如图 7-2 所示。

表 7-1 某公司的人员分类

等级	标准
A 类人员	年终绩效与公司总体业绩挂钩，不直接承担财务指标，其绩效首先与对应的组织绩效挂钩，再与个人 PBC 或部门绩效联动。例如，公司经营层（总裁 / CXO/SVP/VP）、运营职能部门、负责平台研发的技术体系人员
B 类人员	年终绩效与个人业绩挂钩，直接承担财务指标，鼓励承担挑战性任务、业绩增长及核心竞争力提升，其绩效与所承担业绩的达成情况相关联。例如，承担产出任务的业务经营者（负责产品线 / 事业部的 VP、总经理）、事业部 / 产品线总经理、产品经理、项目经理
C 类人员	年终绩效与所在团队业绩挂钩，支撑 B 类人员部分产出活动，与所在团队任务进行关联，其绩效首先与所支撑团队的产出任务完成情况挂钩，再与个人 PBC 联动。例如咨询工程师、销售助理、产品助理、项目助理等

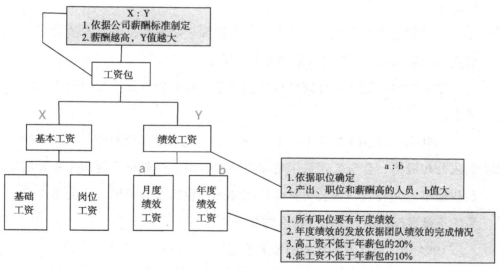

图 7-2 某公司工资包结构设置举例（局部）

3. 设置不同类别人员基本工资与月度绩效、年度绩效的比例

我们以某公司为例，来看看不同类别人员基本工资与月度绩效、年

度绩效的比例应如何设置，如表 7-2 所示。

表 7-2 某公司不同类别人员基本工资与月度绩效、年度绩效的比例举例（局部）

人员类别		基本工资：月度绩效工资：年度绩效工资
A 类人员	高层管理者	5∶0∶5 或 6∶0∶4
	普通员工	6∶2∶2 或 7∶2∶1
B 类人员		5∶0∶5 或 6∶0∶4
C 类人员		5∶2∶3 或 5∶3∶2

需要注意的是，这里仅为示例，不同类型、规模的企业可以根据以上思路自行设置符合自身需求的薪酬结构。

津补贴可以理解为基于工作之外的因素（往往是基于人的考虑），企业发放的现金型报酬，一般包括学历津贴、工龄津贴、出差补贴、外派津贴等。

中长期激励可以理解为基于人才保留和长期发展，企业发放的现金型报酬，常见的方式是股权激励与分红激励。

华为的中长期激励计划值得我们借鉴，我们来看看华为的七个关键节点：

1990 年，华为开始实施股权激励计划，允许员工以每股 1 元的价格购入公司股票，合资公司员工也享有认购资格。持股员工有华为所发的股权证书，并盖有华为公司资金计划部的红色印章。早期，华为员工购买的不是虚拟股票，是真实持有的股票。

1994 年，股票激励计划的相关规定出台。

1997 年，华为进行股权改制。改制前，华为公司的注册资本为 7005 万元，其中 688 名华为员工总计持有 65.15% 的股份，而其子公司华为新技术公司的 299 名员工持有余下的 34.85% 股份。改制后，华为新技术公司、华为新技术公司工会以及华为公司工会分别持有华为公司 5.05%、

33.09% 和 61.86% 的股份，两家公司员工所持有的股份分别由两家公司工会集中托管，并代行股东表决权。

2001 年，华为推出股票期权计划，获政府批准。

2003 年，华为公司的两位资深员工，以他们应按照同股同权的原则享有股权的增值为由，将华为送上法庭，两名员工最终败诉。这一年，华为的股票期权全部改为"虚拟受限股"。

2010 年，原银监会（中国银行业监督管理委员会）出台相关办法，规定个人贷款只能用于生产经营和个人消费，银行贷款不得用于固定资产、股权的投资。

2014 年，华为推行 TUP 计划（虚拟递延分红计划），华为每年根据员工的岗位及级别、绩效给员工分配一定数量的期权，期权不需要员工花钱购买，5 年为一个结算周期。

华为的中长期激励计划是非常完善的，我们也可以效仿华为，根据企业的实际情况，因地制宜地制订合理的中长期激励计划。

7.1.2 增量激励包

增量激励包一般包括工资包结余激励、费用包结余激励。工资包和费用包结余激励往往采取 KCP 特别激励、持续增长奖以及增量活动激励的方式，在考核周期之后体现。对于企业而言，提前设计 KCP 特别激励、持续增长奖以及增量活动激励方案，对激发团队斗志、鼓励大家开源节流具有重要作用，是增量绩效法重点探索、策划、设计与落地的环节。

设计增量激励包有几个关键点：

第一，一般意义上，在平衡计分卡各个维度上的指标均可以作为增量激励机制设置的作用点。比如财务层面的销售额、净利润、费用，客户层面的新客户开拓、市场占有率、客单价，内部运营层面的工单流转速度、报废品数量以及学习与成长层面的员工平均受训课时、信息化建设程度、员工流失率等。在设置增量激励机制时，选择作用点需要分层次：在公司层设置大的作用点，比如新增税前毛利、毛利率、资金周转率、人均效能等。在个人层设置小的作用点，如bug处理比例、客户投诉数量等。不过，有一条原则是公司层和个人层都需要遵守的，那就是作用点要少而精，并不是在所有的作用点都设置上增量激励机制就好。

第二，在开放式预算的框架内，经过严格测算确定增量激励包。否则，即使用了增量激励包，起到的效果可能还不如不用，业绩没增长多少，钱花得倒挺多。保险起见，增量激励包不要设置得过满，理论上来说，如果有100块钱可以作为增量激励包，我们按照80块钱来规划，就会更为稳妥。因为总会有一些突发事件，造成增量激励机制出现或多或少的损耗，比如人力成本占比，在之前开放式预算中圈定的比例，可能会因为某一个高段位人才的引进而超出，这种情况下原来留有余量就变得很有必要了。

第三，无论用三线四区五法则，还是用其他方式，一定要设置好两个机制（开关机制与调节机制）。两个机制的本质是控制资源的投入与核算机制的打通，让资源不能因为要保证目标的实现而无限制地投入，让多种目标可以做到兼容和换算（比如费用花多了，目标也实现了，这种情况怎么算）。

总体来看，并不是增量薪酬框架中的三个部分、五类十三种来源都要面面俱到。企业应该针对自身的情况，设计能够带来业绩增长的薪酬结构，单纯地讲究多样性和全面性意义不大。在薪酬结构的设计中，有意识地调整现金收入和非现金收入、固定收入和浮动收入（尤其是基于业绩的奖金部分），对企业的业绩提升、人力效能提升有至关重要的意义。

华为非常重视薪酬结构的作用，并不定期对薪酬结果进行大范围的调整。当前华为员工薪酬构成如图7-3所示。

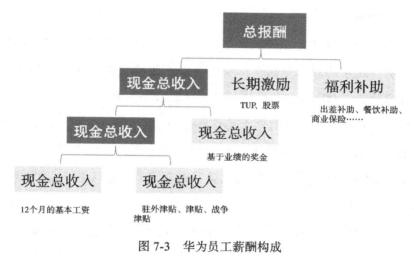

图7-3 华为员工薪酬构成

华为薪酬调整的导向是不断调整劳动性回报与资本性回报的比例，从原来的2∶1逐渐过渡到3∶1甚至是4∶1、5∶1，不劳动，绩效低，收益就少。这种做法符合其"以奋斗者为本、长期艰苦奋斗"的核心价值观。

7.2 打通能力、绩效、薪酬、激励

将能力、绩效、薪酬、激励打通，这是广义的薪酬管理。单纯讲薪酬体系的建设与实行，这是狭义的薪酬管理。在增量绩效法的框架中，

与增量薪酬结构和激励机制相匹配的是广义的薪酬管理。

增量薪酬结构可以总结为"二十字方针":以岗定级、以级定薪、人岗匹配、薪随岗动、绩效牵引。

7.2.1 以岗定级,建立职位和职级的关系

以岗定级,解决的是基本工资的问题。

以岗定级,是通过职位职级表来确定的:每一个职位会确定一个对应的职级,这个职级就是这个岗位对企业贡献的价值评估,包括了对组织绩效的评估、对岗位价值的评估和对任职者个人的评估。

华为的以岗定级主要有两个动作:

第一,对每一类岗位确定岗位序列,例如研发岗位序列、市场岗位序列等,其中,研发岗位序列又包含了助理工程师、工程师、高级工程师等渐进的职位。

第二,对职位序列进行评估,评估的重点在于职位应负的责任是什么,控制的资源是什么,产出是什么,这个岗位面对的客户和环境的复杂程度怎样,以及承担这个岗位的人需要什么样的知识、技能和经验等。其中,最主要是通过职位承担的岗位职责和产出进行衡量,衡量的结果用一个职级的数字来进行描述。

做完了这两步,就建立起了职位和职级的对应关系。

7.2.2 以级定薪,界定工资范围

以级定薪,解决的是企业想让员工以何种速度涨薪的问题。

华为的薪酬机制使用的是宽带薪酬体系:每一级别,从最低到最高都有长长的带宽,每一个部门的管理者都可以根据绩效在这个带宽里面

对员工的工资进行调整。

在同一级别里,管理者可以依据员工的绩效表现,在每年的公司例行薪酬审视中或当员工做得特别优秀时提出调薪申请。由于不同级别之间的薪酬区间存在重叠,员工即使不升级,只要持续贡献,绩效足够好,工资也可以有提升空间,甚至超过上一级别的工资下限,这样有利于引导员工在一个岗位上做实、做深、做久,有助于提高岗位的稳定性。所以,以级定薪就是对每一个级别在公司能拿多少工资进行界定。管理者可以根据以岗定级来确定员工的职级,然后根据员工所处的级别,确定员工的工资范围。

每个企业都可以设置自己的职位薪酬管理模式,相对于职位薪点管理或者窄带薪酬管理模式,华为的这种宽带薪酬的方式对于管理者的管理能力,比如对员工的把握、调薪的把握等能力要求比较高。

以级定薪的基础是以岗定级,职位职级的定义本来是任职资格的内容,为了便于理解,我们做一个简单介绍。通过职位分析与职位评估方法,对不同类别、不同层级的职位进行称重,从而建立规范、有序、完整覆盖的各类各层职位的职级体系,这是以岗定级的前提,也是各领域进行价值分配横向比较的依据。企业职位职级示例如表7-3所示。

表7-3 某公司技术体系职位职级体系实例(局部)

职级	咨询及业务拓展	数据分析师	产品管理	硬件交付	软件交付	运维服务	项目管理
T10	—	资深算法工程师	—	资深硬件交付管理师	资深软件交付管理师	—	—
T9				资深硬件交付管理师	资深软件交付管理师	—	
T8	资深售前工程师		资深产品经理	资深硬件交付管理师	资深软件交付管理师	—	资深项目管理师

(续)

职级	咨询及业务拓展	数据分析师	产品管理	硬件交付	软件交付	运维服务	项目管理
T7	高级售前工程师	高级算法工程师	高级产品经理	高级硬件交付管理师	高级软件交付管理师	—	高级项目管理师
T6	高级售前工程师	高级算法工程师	产品管理	高级硬件交付管理师	高级软件交付管理师	高级运维工程师	高级项目管理师
T5	高级售前工程师	高级算法工程师	高级产品经理	高级硬件交付管理师	高级软件交付管理师	高级运维工程师	高级项目管理师
T4	初级售前工程师	初级算法工程师	初级产品经理	硬件交付管理师	软件交付管理师	运维工程师	项目管理师
T3		初级算法工程师	助理产品经理	硬件交付管理师	软件交付管理师	运维工程师	项目管理师
T2	—	初级算法工程师		硬件交付管理师	软件交付管理师	运维工程师	
T1		助理算法工程师		助理硬件交付管理师	助理软件交付管理师	助理运维工程师	

7.2.3 人岗匹配，人与岗位责任的匹配评估

人岗匹配解决的是企业对人员是不是满足岗位需求的考量问题。

根据问责法则，如果底线绩效都没有达成，说明员工的能力达不到岗位要求，连这个岗位对应的薪资都"不配拥有"。所谓人岗匹配，指的就是员工与岗位所要求的责任之间的匹配，以确定员工的个人职级及符合度。

人岗匹配最核心的是看员工的绩效是不是达到岗位的要求、行为是不是符合岗位职责的要求，另外，还要求员工必须具备一些基本条件，比如知识、技能、素质、经验等。

一般来说，如果出现岗位调动，人岗匹配是按照新的岗位要求来做认证的。认证往往是在员工在新岗位工作三个月或半年以后才进行的，而不是调动之后立即进行。等到人岗匹配完成后，根据新岗位要求的适

应情况确定员工的个人职级及符合度,再决定相应的薪酬调整。通常来说,我们可采用人才盘点的方式获得人岗匹配的结果,如表 7-4 所示。

表 7-4 某公司基于人才盘点的人岗匹配结果实例(局部)

序号	姓名	目前岗位	工作挑战性	工作饱和度	工作业绩	人岗匹配度
1	李××	后端软件工程师(JAVA)	B.有挑战性,有一定难度	A.完全饱和,工作量超100%	B.业绩较好	B.较好匹配
2	沈××	UI设计师	B.有挑战性,有一定难度	B.比较饱和,饱和度85%~100%	B.业绩较好	B.较好匹配
3	从××	需求分析师	A.挑战性高,难度大	A.完全饱和,工作量超100%	A.业绩突出	A.非常匹配
4	方××	需求分析师	B.有挑战性,有一定难度	C.比较饱和,饱和度70%~85%	C.业绩一般	C.一般匹配
5	苏××	软件工程师(JAVA开发)	B.有挑战性,有一定难度	A.完全饱和,工作量超100%	B.业绩较好	B.较好匹配
6	罗××	技术中心研发副总监	C.挑战性一般,工作难度不大	B.比较饱和,饱和度70%~85%	B.业绩较好	B.较好匹配
7	孙××	高级软件工程师	A.挑战性高,难度大	C.比较饱和,饱和度70%~85%	B.业绩较好	B.较好匹配
8	朱××	软件工程师(JAVA开发)	C.挑战性一般,工作难度不大	B.比较饱和,饱和度85%~100%	C.业绩一般	C.一般匹配
9	李××	软件工程师(JAVA开发)	C.挑战性一般,工作难度不大	B.比较饱和,饱和度85%~100%	B.业绩较好	B.较好匹配
10	李××	软件工程师(JAVA开发)	B.有挑战性,有一定难度	B.比较饱和,饱和度85%~100%	C.业绩一般	D.不匹配

根据人才盘点的结果,公司会对人岗匹配度不高的几位员工(不匹配或者一般匹配的人员)进行调整。

7.2.4 薪随岗动,关联职级和绩效

薪随岗动解决的是人员的内部流动问题,尤其是不同工种、不同序列(背后是不同能力方向)之间的人员流动,当然,员工薪资的能上能下问题也是题中之义。

薪随岗动针对的是岗位变化的情况，比如晋升或降级。针对晋升的情况，如果员工的工资已经达到或超过了新职级工资区间的最低值，他的工资可以不变，也可以提升，主要看他的绩效表现；如果尚未达到新职级工资区间的下限，一般至少应调整到新职级工资区间的下限，也可以进入区间里面，具体数额也取决于员工的绩效表现。

针对降级的情况，管理者也要根据员工的绩效情况，在新职级对应的工资区间内确定调整后的工资，如果降级前工资高于降级后的职级工资上限，需要马上降到降级后对应的职级工资上限或者以下。

以下是某公司的薪随岗动告知书，如图7-4所示。

> ×××：
> 感谢你在公司的努力付出！
> 鉴于近期你的工作岗位由仓库主管调整为供应链主管，结合你以往的工作表现和绩效产出，同时依据转岗后进行的任职资格能力级别的认定（由仓库管理P3B调整为供应链管理P4A），公司提出了匹配你各方面能力和表现的定薪方案。
> 感谢你对公司的理解、支持和信任！月薪明细如下表，请知悉。
>
> | 基本工资 | 岗位工资 | 导师津贴 | 绩效工资 | 月工资小计（元） |
> | --- | --- | --- | --- | --- |
> | 3000 | 2500 | 500 | 1100 | 7100 |

图7-4 薪随岗动告知书实例（局部）

7.2.5 绩效牵引，完善以业绩提升为前提的奖金分配机制

奖金解决的不是"苦劳"的问题，而是"功劳"的问题。按照这个逻辑，累死累活辛苦工作但没有结果的员工是分不到奖金的。基于此，华为提出了业界著名的"获取分享制"。

2011年，华为对虚拟受限股、饱和配股等方面的弊端进行了深入讨论，认为虚拟受限股、饱和配股体现更多的是"分享胜利果实"，而不是"为胜利作出了多少贡献"，华为需要一种能够更直接导向价值贡献的方法，获取分享制应运而生。获取分享制强调的是：奖金来自为客户创造的价值的项目，各级组织基于项目带来的利益及在价值创造过程中所做出的直接或间接贡献，从中分享奖金。即奖金来源于为客户创造的价值项目，是需要努力"获取"的，而"分享"指的是根据在价值创造中的贡献来进行分配。

在不同的组织单元，因为业务的发展周期不同，战略诉求是不一样的。如何解决这一问题呢？华为根据不同业务属性，制定出不同的业务单元利润中心的价值分享规则，其中包括成熟区域、成长区域和拓展区域。

成熟区域的业务有两种分享方式：存量分享和增量分享。存量的分享，按照贡献利润来计算。增量的分享，是华为的主要模式，它的奖金分配公式为：测算奖金包＝去年奖金包 ×（1＋经营效益改善率）。

对于成长区域的业务，奖金主要是和业务增长挂钩的，但是华为引进了熔断机制，即当奖金超过预算金额的两倍时，超出部分就不再予以计算。

对于拓展区域的业务，华为会给予有限期的保护期机制。举例说明，假如一个员工从成熟区域调去新拓展区域，他的薪酬对应的奖金是50万，那么他调过去的一段时间内是以50万为起点的，当然可能会增加相应的考核系数。如果业绩超出了预期，这部分也会有相应的奖励。

7.3 增量薪酬结构与激励机制设计案例

增量薪酬结构和激励机制是增量绩效法的一个循环的闭环。因此，增量绩效法的方法论介绍到这里，我们可以用完整案例来做展现了。

我们以某高科技公司的大"铁三角"——销售总监、产品总监、项目总监的工作任务书为例，展现增量绩效法框架下的薪酬与激励方案。

7.3.1 销售总监张三的工作任务书

张三工作任务书

一、职务

销售总监。

二、职责

1. 保证实现核心产品线既定业绩目标；

2. 审视公司经营，推动公司业务结构优化，市场持续拓展，健康经营；

3. 推动公司业务的规模增长、业务能力增长、市场快速布局、业务团队壮大。

三、考核指标

底线目标：年销售额 1 亿。

基准目标：年销售额 1.8 亿。

挑战目标：年销售额 2.7 亿。

四、奖惩规则

年度总收入 = 基础薪资 + 绩效 + 激励 + 股权分红

1. 薪资部分：基础月薪资标准20 000元（销售总监4级，18级）。

2. 绩效部分：基准目标对应的绩效标准为300 000元。

（1）前提条件：必须达到底线目标以上（含）

（2）计算方式：绩效部分＝实际完成/基准目标×300 000（300 000封顶）×开关系数

3. 激励部分：超过底线目标部分的分段激励，激励包由团队分配。

（1）前提条件：必须达到底线目标以上（含）。

（2）计算方式：

① 底线目标（含）部分至基准目标部分（不含）之间部分按照0.5%计算×开关系数

② 基准目标（含）部分至挑战目标部分（不含）之间部分按照0.6%计算×开关系数

③ 挑战目标（含）以上部分按照0.7%计算×开关系数

（3）分配方式：激励部分生成的奖金包由团队分配，张三本人原则上不低于60%。剩余40%由张三提议生成分配方案。

开关系数：

应收款（当年项目回款及历史项目回款）	60%	以60%为满分基线，超过60%按超过比例做加法，低于60%按低于的比例做减法
产出/投入比（"铁三角"共背）	30%	以综合产出人均比4为满分基线，超过4的比例做加法，低于4的比例做减法
管理评价	10%	根据年度干部考核评分满分100分折算

4. 股权分红：公司在整体盈利的情况下进行的分红收入

（1）饱和配股20万股（虚拟股权）。

（2）有效配股数＝实际完成/基准目标×20万股，封顶20万股。

5. 问责机制

底线 80% 完成率及以上	提成与激励归零，主管 1 级问责（保级降档降薪）
底线 60% 完成率及以上	提成与激励归零，主管 2 级问责（降级降薪）
底线 60% 完成率以下	提成与激励归零，主管 3 级问责（年度奖金归零，免职，重新定岗定薪）

初步匡算：

年底张三及团队完成 2 亿销售额，应收款完成 61%，产出／投入比为 3.7（"铁三角"共背），年度公司干部考核得分 90 分。张三把团队激励包 60% 留给自己，其他 40% 全部分给团队其他成员。当年公司盈利，每股收益 1.2 元。

则张三的年度收入为：

基础薪资 = $20\,000 \times 12 = 24$（万）

开关系数 = $61\% \times 60\% + (3.7/4) \times 30\% + 90\% \times 10\% = 73.35\%$

绩效部分 = 30（满额封顶）$\times 73.35\% = 22.005$（万）

激励部分 = $[(18\,000 - 10\,000) \times 0.5\% + (20\,000 - 18\,000) \times 0.6\%] \times 73.6\% = 38.142$（万）

团队分配后激励部分 = $38.142 \times 60\% = 22.885\,2$（万）

分红部分 = $1.2 \times 20 = 24$（万）

张三年度收入总额 = $24 + 22.005 + 22.885\,2 + 24 = 92.890\,2$（万）

【简析】

这是一个职级、绩效、薪酬、激励打通的案例。张三的岗位是销售总监，职级是 S7，对应的基本薪资是 20 000 元／月。张三的核心职责既有业绩完成的部分，又有管理的部分。因此，在张三的总收入中，25.8% 是工资收入，23.7% 是绩效工资收入，24.6% 是分配后的团队激励收入，

25.8%是公司业绩分红，四个部分大致相当。其中工资收入部分仅仅占张三年度收入的四分之一，其余的四分之三需要张三带领团队打拼，争取到业绩之后才有可能分配到。业绩目标采用三线四区五法则的方式进行设置。

7.3.2 产品总监李四的工作任务书

李四工作任务书

一、职务

产品总监

二、职责

1. 支撑既定业绩目标；

2. 审视整体经营，深度参与业务结构优化、市场拓展、产品设计、产品与服务交付；

3. 打造公司核心产品线，提升产品核心竞争力，沉淀公司产品能力。

三、考核指标

1. 核心产品线销售额（与销售总监张三共背）

底线目标：年销售额1亿。

基准目标：年销售额1.8亿。

挑战目标：年销售额2.7亿。

2. 新产品销售额

底线目标：年销售额1000万。

基准目标：年销售额3000万。

挑战目标：年销售额5000万。

四、奖惩规则

年度总收入 = 基础薪资 + 激励 + 股权分红

1. 薪资部分：基础月薪资标准25 000元（产品总监4级，18级）

2. 激励部分：超过底线目标部分的激励。

（1）前提条件：必须达到底线目标以上（含）。

（2）计算方式：

① 核心产品线：年销售额×0.2%×开关系数

② 新产品线：年销售额×1%×开关系数

（3）分配方式：激励部分生成的奖金包由团队分配，李四本人原则上不低于70%，剩余30%由李四提议生成分配方案。

开关系数：

产品化率	70%	产品化率达到40%。以40%作为基准，上下线性加减分。产品化率 =（在公司产品目录中的产品所对应的销售总额 ÷ 销售总额）×100%
核心产品产出/投入比（"铁三角"共背）	20%	以综合产出人均比4为满分基线，超过4的比例做加法，低于4的比例做减法
管理评价	10%	根据年度干部考核评分满分100分折算

3. 股权分红：公司在整体盈利的情况下进行的分红收入

（1）饱和配股25万股（虚拟股权）

（2）有效配股数 = 实际完成/基准目标×25万股，封顶25万股

4. 问责机制

底线80%完成率及以上	提成与激励归零，主管1级问责（保级降档降薪）
底线60%完成率及以上	提成与激励归零，主管2级问责（降级降薪）
底线60%完成率以下	提成与激励归零，主管3级问责（年度奖金归零，免职，重新定岗定薪）

初步匡算：

年底李四及团队支撑完成核心产品销售额 2 亿（支撑张三团队），新产品销售额 1500 万。核心产品线产品化率为 40%，产出/投入比为 3.7（"铁三角"共背），年度公司干部考核得分为 80 分。李四团队把团队激励包 70% 留给自己，其他 30% 分给团队其他成员。当年公司盈利，每股收益 1.2 元。

李四的年度收入为：

基础薪资 = 25 000 × 12 = 30（万）

开关系数 = 40%/40% × 70% +(3.7/4) × 20% + 80 × 10% = 96.5%

激励部分 = (18 000 × 0.2% + 1500 × 1%) × 96.5% = 49.215（万）

团队分配后激励部分 = 49.215 × 70% = 34.450 5（万）

分红部分 = 1.2 × 25 = 30（万）

李四年度收入总额 = 30 + 34.450 5 + 30 = 94.450 5（万）

【简析】

产品总监李四的任务书和张三比较起来有明显的区别，主要体现在对核心指标（有时候也称其为"脊柱指标"）的倾斜上。第一，作为产品总监，所卖的产品都可以生成激励，这一点和销售总监不同。这是无底线法则的一种应用；第二，核心产品要求有数量，新产品要求有增长，这两种导向在激励包生成的系数上会明显体现出来；第三，开关指标有差异，李四的关键指标是核心产品的产品化率，这个指标是公司业务增长的关键，因为核心产品的产品化率高，公司的毛利率就会高。此外，核心产品的产出/投入比是产品总监和销售总监共背的指标。当然，如果深入探究下去，李四的开关指标会有一个小小的漏洞，那就是核心产品的产品化率和核心产品的产出/投入比有一点重复,产品化率高了,产出/投入比一般都会随之高上去。在具体的实践中可以考虑两个开关指标只保留一个即可。在这里两个都保留是因为出于现实考虑:让产品侧对交付侧赋能。

7.3.3 项目总监王五的工作任务书

王五工作任务书

一、职务

项目总监。

二、职责

1. 首要职责:实现公司现金流的稳健增长;

2. 审视整体经营,重视项目交付绩效管理,快速完成项目交付;

3. 提升项目管理效率,优化项目管理体系,强化项目管理团队。

三、考核指标

底线目标:年度项目收款实现合同额6000万。

基准目标:年度项目收款实现合同额1.2亿。

挑战目标:年度项目收款实现合同额1.7亿。

四、奖惩规则

年度总收入 = 基础薪资 + 激励 + 管理津贴

1. 薪资部分:基础月薪资标准30 000元(项目总监5级,19级)。

2. 激励部分:年度项目收款实现 × 开关系数

(1)前提条件:完成底线目标及以上。

(2)计算方式:

① 收款实现底线目标（不含）以下，激励包为 0。

② 收款实现底线目标（含）至基准目标（不含）之间部分，按照总额 1%×开关系数。

③ 收款实现基准目标（含）至挑战目标（不含）之间部分，按照总额 1.2%×开关系数。

④ 挑战目标及以上，在享受③的基础上另行奖励。

（3）分配方式：激励部分生成的奖金包由团队分配，王五本人原则上不低于 50%。剩余 50% 由王五提议生成分配方案。

开关系数：

核心产品产出/投入比（"铁三角"共背）	70%	以综合产出人均比 4 为满分基线，超过 4 的比例做加法，低于 4 的比例做减法
项目周期缩减	30%	在去年的水平上缩短 20%。以 20% 为基准，上下线性增减

3. 管理津贴：年度标准 15 万，根据年度干部考核评分满分 100 分折算

4. 问责机制

底线 80% 完成率及以上	提成与激励归零，主管 1 级问责（保级降档降薪）
底线 60% 完成率及以上	提成与激励归零，主管 2 级问责（降级降薪）
底线 60% 完成率以下	提成与激励归零，主管 3 级问责（年度奖金归零，免职，重新定岗定薪）

初步匡算：

年底王五及团队年度项目收款实现 1.5 亿，产出/投入比为 3.7（"铁三角"共背），项目周期较去年缩减 18%。年度公司干部考核得分为 85 分。王五团队把团队激励包 50% 留给自己，其他 50% 分给团队其他成员。

则王五的年度收入为：

基础薪资 = 30 000×12 = 36（万）

开关系数 = (3.7/4)×70% + (18%/20%)×30% = 91.75%

激励部分 = [(12 000 – 6 000)×1% + (15 000 – 12 000)×1.2%]×91.75% = 88.08（万）

团队分配后激励部分 = 88.08×50% = 44.04（万）

管理津贴 = 15×85% = 12.75（万）

王五年度收入总额 = 36 + 44.04 + 12.75 = 92.79（万）

【简析】

项目总监王五的任务书和张三、李四相比又有新的变化。项目总监的核心使命是让项目尽快交付完成，尽快促成收款（销售和交付的使命），让现金尽快到公司的口袋里。作为科技类公司，项目交付是一单生意最长尾的部分，往往会吃掉公司很大比例的资源。这一特性决定了王五的工作任务书有以下几个特点：第一，项目的核心指标（或者"脊柱指标"）一定是公司最想要的现金流（收款）；第二，对底线的要求近乎苛刻，底线以下的收款实现，王五及团队的激励包就是0；第三，和业绩挂钩的提成比例较高（因为挂钩挂的是收款）；第四，挑战目标以上留有奖励空间（另行奖励）；第五，开关系数对项目周期缩短提出了要求，这一要求直指项目交付效能的提升。当然，可能因为项目总监加入公司比较迟，暂时没有享受到公司的分红政策，而项目交付的管理任务非常繁重（队伍规模大，工种多），因此在王五的工作任务书中把管理这一部分的考核从开关指标中拿出来，专门设置了一个管理津贴，也算是灵活地应用了增量薪酬结构和激励机制。

我们用了很长的篇幅来介绍增量绩效法的方法论，从搭框架，到划分资源线，到解读与分解目标，到选工具，再到设计薪酬结构与激励机制，即使如此，总感觉还有很多阐述不到位、不透彻之处。这是因为增量绩效理念加上大绩效管理、大薪酬管理体系会衍生出很多课题，每一个课题从具备可行性，到生成方法论，再到反复实践检验，最终去伪存真，提炼出可以分享出来供大家借鉴的内容，都要经历一个庞大、深入、繁复、精密的过程。这还仅仅是从专业角度进行的论证，如果把丰富多彩的企业管理实践场景也算进来，那就是一个不得了的巨大体系。这样的一个体系，单纯靠一本书、一种方法是远远不能涵盖的，需要我们各行各业的同仁一起来参详、探索、实践、验证、总结、提炼，让增量绩效法的理念和方法内化到我们的具体工作中去，让它产生"杀伤力"，让它成为企业业绩增长乃至倍增的利器。

CHAPTER

第 8 章

全打通
从老板到员工的体系联动

费罗伦斯横渡海峡

　　1952年7月4日早上,加利福尼亚海岸大雾弥漫,在海岸以西21英里的卡塔林纳岛上,一个女人跳进冰冷的海水里,开始向加利福尼亚海岸游去。这个女人叫费罗伦斯·柯德威克,如果横渡成功,她就是第一个游过卡塔林纳海峡的妇女。

　　费罗伦斯艰难地游着,那天气温很低,海水冻得她浑身颤抖,但她仍坚持游了15个小时。此时的她已经筋疲力尽,更绝望的是,迟迟都看不到海岸,于是她动摇了,让人拉她上船。她的母亲和教练在另一条船上,一直紧跟着她,见她打了退堂鼓,赶紧劝她马上就要到岸了,让她不要前功尽弃。

　　但费罗伦斯朝加州海岸望去,只能看到一片浓雾,她觉得母亲和教练是在骗她,因此,尽管大家一再向她保证很快就要到对岸了,但她还是决定放弃,而事实上,当时她距离加州海岸只有半英里!

上岸之后，费罗伦斯懊恼不已，后来她曾说，如果当时自己能看见陆地，也许会坚持到底。

两个月后，不甘心的费罗伦斯再次横渡卡塔林纳海峡。这次，她采取了全新的策略：将整个过程分成8个小阶段，设置标志物。每到一个标志物，她就会告诉自己，我已经完成多少了，我还剩下多远就要完成了。因为这次横渡海峡每一步都有了阶段性目标，既减少了压力，又增加了成就感。所以，费罗伦斯顺利地完成了她横渡海峡的壮举——她不但是第一位游过卡塔林纳海峡的女性，而且比男子的记录还快了大约两个小时。

我们引入费罗伦斯的故事，意图其实有两层。第一层是为了避免出现费罗伦斯第一次横渡卡塔林纳海峡时的遗憾。增量绩效管理系统的建设到了增量薪酬结构与激励机制阶段，从"行程"上看，已经完成了差不多90%，但从效果的角度看，剩下的10%往往起到决定性的作用，就像是费罗伦斯的最后半英里。如何避免这样的遗憾？我们的对策是和大家一起从战略目标开始拆解，一直落地到每一个员工，一起经历这样的过程。第二层，是希望大家认识到，要想把公司战略传递到每一个员工的每一个工作行为，是一项重大工程，需要层层分解，每一次分解都有自己的局部或者阶段性的使命，不可能一蹴而就。

这一章的使命是将前几章的内容系统、有机地打通。"系统"指的是合乎三线四区五法则两机制，合乎增量绩效正循环，合乎增量驱动力公式；"有机"指的是资源线、目标、工具方法、激励机制协调有序，从而规避和解决在工作推动中可能遇到的问题。

8.1 从战略到执行

如果增量绩效法是一艘前行的帆船，管理中经常遇到的那些难题就是航行中遇到的礁石或者风浪。帆船能否到达目的地，需要我们调动每个人的热情，激励大家使出全身的力气划动船桨。

要做到这一点，需要我们进行三个层面的打通。

8.1.1 从战略层到经营层

战略层到经营层的打通主要是制定让经营层（一般是高管层或者将范围适度扩大，比如把人力资源总监纳入）兴奋的目标并合理、有效地分解，在此基础上完善权责利方案。一般情况下，经营层考核至少包括以下三个部分：公司共担经营目标、分管领域工作目标、个人工作目标（有些组织将该部分与分管领域工作目标合并考虑）。

通过某公司的经营团队考核任务书，我们可以对经营层的考核有更直观的了解。

某公司 2019 年经营团队考核任务书（部分）

一、经营管理团队共担（CEO 等同，决定公司整体奖金包大小）

1. 当年度新增贡献毛利目标 100 亿元（50%）；
2. 收款实现贡献毛利 80 亿元（40%）；
3. 新产品对应贡献毛利占比 ×%（10%）。

二、分管领导考核目标（影响个人与分管团队奖金包大小）

1. CTO

（1）产品化比率：新产品对应贡献毛利占比 ×%（50%）；

（2）技术核心能力的增长：销售额超 1000 万的单品个数超过 20 个（占比 30%）；

（3）新授权专利数：新增授权专利超过 50 个（占比 20%）。

2．CFO

（1）净利润增长：同比增长 20%（70%）；

（2）公司估值增长：同比增长 50%（占比 30%）。

3．COO

（1）项目周期：同比缩短 10%（60%）；

（2）投入产出比：同比增长 10%（占比 30%）；

（3）副手引进与培养：引进副手并确保融入（占比 10%）。

三、公司奖金包对应规则

公司目标完成率	定级	公司奖金池系数
100% 以上	S	6
90%～100%（含）	A	3
80%～90%（含）	B	2
70%～80%（含）	C	1.5
60%～70%（含）	D	1
60% 及以下	E	0

说明：
1. 奖金系数（不是传统意义上的月薪数，可以作为虚拟的系数单位）遵循了增量驱动力公式（阶梯式）；
2. 经营管理团队成员奖金系数另行设定。

8.1.2　从经营层到部门层

经营层到部门层的打通解决的是公司经营指标向各部门分解的问题。公司经营目标与部门目标虽然是两个层面，但都属于组织目标。公司经营目标一般由公司核心决策团队（比如 CXO）承接，部门目标一般由各部门负责人（比如各部门总监、部长、经理等）承接。

关于组织目标，需要我们有以下几点认识。

第一，部门目标的制定是从公司经营目标中通过"化学反应"解读出来的。比如上一节案例中某公司的经营目标之一是"2019年收款实现贡献毛利 80 亿元（40%）"，通过"化学反应"的解读，这个目标可能会被分为三个彼此相关的部分：一是新签订单的首付款完成 10 亿元（假想数字，下同），这一任务被分配给销售团队；二是去年订单结转的收款目标 65 亿元，这一任务被分配给生产和交付团队；三是历史问题订单收款目标 5 亿元，这一任务被分配给收款管理部门。关于化学反应的相关理解可参照目标制定遵循的原则部分。

第二，从公司经营目标中分离的部门目标，其本质符合"组织价值评估"（华为称为"组织称重"）核定出来的结果。通俗地说，各个组织对公司整体产生的价值贡献和所承担的目标应该基本吻合。这一逻辑指导我们按照"多少能力承担多少任务，多少任务产出多大价值，多大价值决定多少分配"的原则办事，不至于让"小马拉大车"或者让"大马拉小车"。还是以上一节某公司的案例来说，"新产品对应贡献毛利占比 ×%（10%）"，其中 10% 的比重应该符合公司"组织价值评估"的准则，这一比例不会太高或者太低。

第三，要考虑各部门目标之间的关联。有些指标需要不同部门共同承担，这样的做法有利于打破部门墙，促使各个部门更好地协同，不至于出现问题各自推诿。这种做法华为称之为"拧麻花"。在第 7 章增量薪酬结构与激励机制设计案例中，张三、李四、王五三人的共担指标就是这种情形。

第四，公司要形成各部门目标完成程度与可分配奖金包之间的关联规则。这一规则需要建立在"增量绩效正循环"的基础上，同时具备激发度、合理度和兑现度。形成的关联规则应在适度的范围内提前公示，让各部门有更清晰的激励规则。这方面可以参考某公司各部门组织绩效结果与系数规则表（见表 8-1），其基本逻辑与上一节案例中某公司奖金包对应规则相同。

表 8-1　某公司各部门组织绩效结果与系数规则表

评分	定级	系数
100% 以上	S	1.3
90%～100%（含）	A	1
80%～90%（含）	B	0.9
70%～80%（含）	C	0.8
60%～70%（含）	D	0.7
60% 及以下	E	0

8.1.3　从部门层到员工层

部门层到员工层的打通解决的是公司执行力的问题，是颗粒度最低的"从战略到执行"。除了需要遵循组织目标制定时的原则（"化学反应"解读高层次的目标、根据价值评估结果匹配目标以及"拧麻花"式的共背指标设计）之外，从组织目标到个人目标的分解，还需要我们有以下两点认识。

1. 每个人都是员工

每个人都是员工，指的是上至老板，下至保洁员，在目标分解面前人人平等。

强调"每个人都是员工"，是为了尽可能避免干部的不作为现象。随着企业的不断发展和成熟，级别越高的管理者越有机会"躲避目标"，他们可以把自己手头的任务全部分解给下属,自己并不承担实质的工作。我们不倡导管理者和员工做一样的事情,和"专员抢工作",事必躬亲,但我们更不倡导管理者唱"空城计",做"甩手掌柜"(上述行为属于华为十八种管理者惰怠行为之一)。管理者作为员工该承担的任务仍然要承担,否则会出现干部只会"抬头看天",不能"低头走路"或者需要下属"抬着走路"的情况。

在华为,主管就有两种模式——"躺赢"模式与"伸手"模式,如图8-1所示。

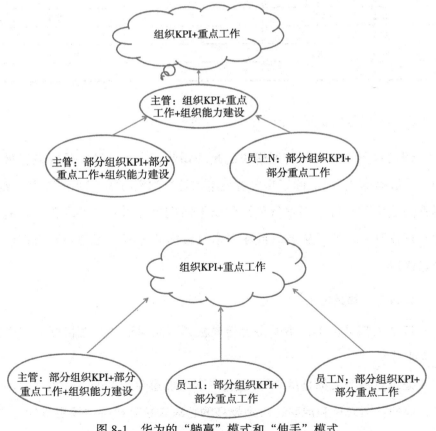

图8-1 华为的"躺赢"模式和"伸手"模式

在华为，采取"躺赢"模式、只会指挥下属干活的主管，相当于没有输出。

2. 充分关注员工成长

个人目标制定需要体现对员工成长的关注。只提工作目标、下任务，不关注员工成长，是短视主义，是将员工当成完成工作目标的"机器"的表现。在前文个人绩效承诺（PBC）方法介绍中我们也提及，在制定工作目标的同时，应将员工的能力提升计划也一并制定出来，这是关注员工成长的体现。

当然，建立清晰的目标完成程度与可分配奖金包之间的关联规则，在个人层更为重要，关联规则的设置逻辑和经营层、组织层设置逻辑类似。

另外，从经营层到个人层的多层关联规则如何联动是一个需要高度关注和精心设计的环节。这一环节的设计建议关注以下几个要点。

一是选用合理的联动方案。经营层挂钩规则和组织层挂钩规则、个人层挂钩规则是用乘法还是用加法，或者乘法和加法混用，需要根据组织的需求进行合理设计。

二是将主管的考核权和分配权分离。让主管有考核权，绩效考核结束之后输出的是绩效等级或者得分。但绩效等级或者得分并不直接生成可以获得的奖金额度。分配权要掌握在公司手中，可以经过系统的统计，结合开放式预算进行科学的测算，输出绩效等级对应的奖金额度，进行分配。很多公司将主管的考核权和分配权混在一起，主管考核完员工之后连建议的奖金额度都给出来，这是不合理的，一方面不利于公司整体统筹奖金池，另一方面会对公司和员工之间的关系形成潜在的伤害（主管会给员工造成就能给你分配××额度的假象,事实上往往会有变化)。

三是鼓励在部门层进行适度的奖金池提留。提留出来的奖金池可以用于延迟激励或者多元化激励。老邱(见第 1 章开篇故事)所在的单位在 2019 年就曾经从部门奖金池中抽取出一定的额度,组织了一次部门家属答谢会,请部门同事的家人到公司来参观,到公司所在的城市旅游,全程费用都由提留的部门奖金池承担。

值得一提的是项目制的目标管理。项目制的目标管理与组织目标管理类似,项目型组织的目标也可以作为组织目标的一种来对待。

8.2 增量绩效法落地常见问题与简析

增量绩效法的方法论在应用初期容易忽略一些关键要项,从而在执行中遇到一些问题。有些问题可以在过程中随手解决,算是增量绩效管理旅途中的一个个小插曲,无伤大雅。比如某企业在期初方案中将客户满意度得分 90 分作为考核客户总监的一项指标中的基准线,但经过几个月的运作,发现客户满意度的月度得分最高才能够达到 70 分,显然,以 90 分作为基准线要求过高。于是,该公司在期中调整时对该指标进行了调整,将基准线分数设置为 68 分,挑战线设置为 75 分,问题及时得到了修正。

不过,有些问题不然,一旦形成方案执行下去,很难进行调整。这些问题就是方向性问题,一旦方向错了,就会造成损失。比如在开放式预算中,产品预研费用占比一旦确定,人力就开始投入,如果产品立项出现问题,之前的投入很可能付诸东流。

增量绩效法落地时常见的问题主要有以下四类。

8.2.1 业务问题

业务问题主要是由业务成熟度不高或者业务规律抓取不足引发的。

业务成熟度不高一般出现在新领域或者业务发展的初级阶段。在新领域，业务拓展没有过往的经验作为参考，只能"摸着石头过河"，市场规律、客户需求都有很大的不确定性，因此，产品、开发、生产、交付乃至销售也随之"不确定"。比如共享单车兴起之初的"烧钱阶段"，单车几乎是免费供客户使用的。到了"烧钱阶段"后期，根据已经积累的一部分客户使用数据，结合盈利要求，共享单车平台制定了一定的收费标准，这一标准到 2017 年初达到了相对稳定的状态，行业标准初步形成。

业务问题还可能出现在成熟业务领域，尤其是未能把握好业务规律时。比如私募行业虽然是一个成熟行业，但寻找投资后的收益规律，进而制定对基金经理/金融代表的管理、考核机制，却不是一件容易的事情。

在遇到业务问题的时候，我们可以尝试采用"既定目标对照法"，以经过多方考虑、综合认定的目标为增量目标制定的参照点。这种做法背后的逻辑是"投石问路""多重主观形成相对客观""超出预期的就是好的"。另外，在增量绩效的逻辑里，管理者任何时候都不应忘记对业务规律和经营数据的沉淀和积累，意识到这一点，马上就要做起来，任何时候开始都不算晚。

8.2.2 成本问题

成本问题一般分为两种类型。一种类型是超支。初期做的估算与预算与后来的核算与决算一比照，发现"钱不够了"，原来切出来的成本包

"罩不住"。这会造成增量绩效法落地的最尴尬的局面——如果要兑现，公司要额外承担一定的成本。增量不仅没有带来增量，反而带来了"减量"。如果不兑现，公司的公信力受损，会影响组织后续的活力。无论如何，增量绩效正循环都不可能同时满足。另一种类型是分布不合理（请注意，这里的不合理不是不平均），局部资源与任务不匹配，出现"旱的旱死，涝的涝死"的情形。

面对成本问题，我们需要再次强调开放式预算和两机制的重要性。

开放式预算中通过精细、系统、全面的经营分析，将可能发生的各种成本尽最大可能体现在预算中，保证可见范围内的绝大多数成本都有对应的归口处，即使偶尔有些许成本在预算之外，其颗粒度也不会太大。

在两机制设置的过程中，对于超支的成本要有换算和补偿的办法，甚至设计旨在"削峰填谷"的预留机制。比如经过充分分析，企业预判2021年是业绩的"大年"，2022年可能是业绩的"小年"，那么在2021年增量薪酬包的发放中可以适度考虑预留部分，为来年可能遭受的困境加一份"保险"。当然，设置预留机制对激励的及时性会有一定的影响。在及时性和保险性两个维度中，我们应该根据需求做出取舍。

8.2.3 指标合理性问题

指标合理性问题属于增量绩效正循环中的"合理度"范畴。从某种程度来说，指标体系是增量绩效法的真正抓手，因为再宏大、诱人的目标都需要通过大大小小的指标落实到基层员工的执行动作。

指标合理性问题一般分为以下几种情形。

一是指标有没有意义。有些指标对目标的实现来说意义并不大，比如初创型企业的员工满意度。企业处于创业期时，组织资源匮乏，工作职责边界不清晰，员工收入不高并且不稳定，职业发展路径相对单一，管理规范性不高，这时，调查员工满意度情况（满意度的子维度恰恰是上述几个指向），可想而知大概率是较低的水平。即使调研员工满意度的提升情况，意义也并不大。因为此时对于企业来说，在市场上站稳脚跟，活下去，不要被更强大的竞争对手淘汰是最重要的，而相对来说，员工的满意度没那么重要。

二是指标是否合理。过高、过低的指标都不利于激发员工的积极性，因此合理性不高。在前文中我们提到过高的指标有诸多害处，过低的指标同样不可取。

三是指标定义不清晰。指标定义包括指标的口径、算法、数据来源、统计周期等要素，指标定义不清晰有可能导致指标检核时的分歧与矛盾。因此，进入考核范畴的指标需要先行确定指标定义，避免含糊、笼统或者回避问题的定义方式。

比如，在某事业部在对年度考核主要指标进行定义与说明时，就出现了类似的问题，如表 8-2 所示。

表 8-2 某事业部年度考核主要指标定义与说明（局部）

考核指标	指标定义与说明	考核占比
销售费用占比	业务成本费用（销售＋人力成本＋差旅）在新增贡献毛利中的占比控制在 16% 以内，按节约或超出控制目标差异对比控制目标率进行线性比例考核	40%
应收款指标	历史订单收款完成率目标 90%，当年订单收款完成率目标 70%，按实际收款完成率降低或提高差异对比目标率进行线性比例核算	40%
投入产出比	A 产品线交付投入产出比达到公司要求，按节约或提高实际产出比差异对比目标率进行线性比例核算	20%

在投入产出比指标定义与说明中，A 产品线交付投入产出比"达到

公司要求"属于含糊的表达,是不合理的,员工看到这样的要求,仍然不知道自己应该将工作完成到何种程度。

8.2.4 需求变更问题

需求变更是指推动增量绩效法落地的一些关键性要素出现变化,主要包括公司发展方向、业务规划、经营计划、组织架构、人员调整、资源配置等发生变化。这些因素的变化往往会产生调整增量绩效管理方案的需求。在这里,我们需要对上述要素进行区别性分析、对待。

一般情况下,以下要素的变化需要调整增量绩效法的整体框架,如公司发展方向、业务规划、经营计划、组织架构等。当这些因素发生变化时,就要对前文提及的三线、四区、五法则、两机制进行调整。这从根本上来说,是资源线发生了变化,原来划定的产粮单元发生了质变,因此需要增量绩效法做结构上的调整。

一般情况下,以下要素的变化只做增量绩效管理的微调即可。这些因素包括人员调整(哪怕是领军人物)、资源的增减(比如考核周期的变化、资源的抽调等)。

增量绩效管理方案一旦制定,应尽量保持方案的相对稳定,在非核心要素发生变化的情况下不要破坏整体框架。

8.3 增量绩效体系打通的一些有效做法

在增量绩效法的落地过程中,有些做法对方法的执行实施会起到至关重要的作用,概括起来就是"一个组织、一个库、一个账本、一套话术"。

8.3.1 一个组织

"一个组织"即成立联合工作小组。增量绩效法是一个完整、庞大的系统,要推动这样一个系统的运行,需要多职能、多部门的协同,我们可以将其作为一个项目进行运作,因此,成立联合工作小组很有必要。

1. 联合工作小组的构成

增量绩效法涉及企业管理的各个部分,因此,联合工作小组应尽量将相关部门拉进项目组。可以由经营管理部、人力资源部、财务管理部中的某一个部门作为联合工作小组的牵头部门,由以上三个部门的某一个部门的负责人担任执行组长。需要说明的是,从某种程度上来说,增量绩效管理不只是绩效改进项目,更是组织变革或者优化项目,联合工作小组的负责人最好是公司最高决策者。

在项目推动的不同阶段,联合工作小组的深度参与部门可以有所不同,甚至可以考虑选择试点部门试行增量绩效法。在条件允许的情况下,可以选择第三方机构进入联合工作小组。

2. 联合工作小组的职责

联合工作小组的职责主要包括以下几点:

一是承担项目整体规划、项目目标制定、里程碑设计、项目人力规划、项目预算等关键事项的制定与落实。

二是进行专业把关,对项目的阶段性成果进行验收,对项目未尽问题督促专项整改,保证项目整体效果。

三是协调资源,解决项目推动过程中存在的问题,防控增量绩效法落地过程中出现的风险(比如成本超标问题)。

四是督促、检查各相关部门贯彻落实工作小组的决策、决议和制度、流程的执行情况。

五是做好项目推动过程中会议机制的落地。组织、安排项目例会、评审会、验收会，做好会议准备、会议记录、纪要发布等日常管理工作。

六是做好项目绩效管理与激励。对参与项目的人员进行绩效评估，根据评估结果，形成项目激励方案并敦促落地。

七是做好项目团队建设、氛围营造工作。

8.3.2 一个库

"一个库"即建立考核指标库。在资源线部分我们曾经提到系统梳理评估产出的指标，其输出物主要是考核指标库。在建设考核指标库的过程中，建议参照以下思路。

1. 分类编制

分类编制需要我们考虑两个维度。

第一个维度是职责维度，也就是不同部门梳理各自的专业指标，销售有销售的指标，生产有生产的指标，客服有客服的指标。在制定考核指标的时候不仅有指标的名称，还要有指标的定义、精准的计算方法以及数据支持部门。

第二个维度是主次维度。我们建议以更接近现金流的利润、净利润增长的指标作为主维度，比如净利润、净利润的增长、现金流、现金流的增长。如果部门、岗位或者个人不能直接做到支撑以上指标，那也要尽最大可能以"最靠近"现金流的利润、净利润增长的指标为主维度指标。同样，我们建议以"远离"现金流的利润、净利润增长的指标作为次维度，这一类的指标往往能起到制约和平衡的作用，比如在增量绩效法中经常使用的两机制中的触发开关和防火墙开关。在同一个职责中也有主次维度之分和主次维度的"身份"转换,比如销售部门,合同额、回款额可能被作为主维度指标,费用控制有可能成为次维度指标。而在后勤保障部门,费用控制可能会被当作主维度指标,后勤保障的员工满意度可能会被作为次维度指标。

2. 提高敏感性

提高敏感性是对指标设置精准度的要求,顾名思义,我们设置的目标要能够囊括尽量多的信息,让指标更有效而不至于"失之偏颇"。

以后勤保障部门的主维度指标费用控制为例,如果我们选择的指标是费用总额,有可能出现指标不够敏感、不够精准的情况,因为随着企业的发展、组织规模的扩大,费用总额大概率会上升,这个时候我们还以费用总额来考察后勤保障部门的绩效,就容易出现问题。这时,我们应该升级指标,将费用总额变为费用增长率或者人均费用、行政费用占整体营业额比,甚至是人均费用增长率等指标。显然,后面的指标比起费用总额更"高级"。

3. 不断迭代

不断迭代至少包含两种做法:第一种做法是指标敏感性的迭代。随着企业的不断成长、经营数据的不断积累,企业能够获得的数据越来越丰富,能够支撑高级别指标的数据不断涌现,适时升级指标既有必要也有可能。第二种做法是考核同一对象(包括组织、项目和个人)的指标也应该不断升级。以客服部为例,企业处于发展初级阶段时,可能会选择客户投诉数量、问题响应及处理有效程度等指标作为主维度。随着企业不断成熟,可能会选择客单价增长率、关键客户消费在总体营业额中的占比等指标作为主维度。从指标库需要不断迭代这一要求反观企业经营中数据积累的重要性，也是企业经营者必修的一课。

8.3.3 一个账本

"一个账本"即建立增量绩效数据中心（或者叫增量绩效数据台账）。建立增量绩效数据中心是决定增量绩效法能否成功落地的重要举措。数据中心是增量绩效管理的"火眼金睛"，通过数据中心，可以完成增量驱动模式下公司经营的概、预、核、决，所以从某种程度上说，开放式预算也是数据中心承担的任务。

增量绩效数据中心要完成的任务主要有六个：一是分解公司业务目标。二是开放式预算。三是业务、生产、交付进度跟进、监控与预警。四是释放与业务进展相匹配的开放式预算资源。五是各系统、职能内部核算方法制定与优化。六是联合项目小组工作数据、绩效数据、汇报数据输出。

8.3.4 一套话术

"一套话术"即自上而下、统一口径。增量绩效法能改进和再造企业经营管理，需要集中企业的优质资源、优质精力来响应，更需要企业营造适宜其落地的氛围和土壤。适宜增量绩效法的土壤我们将在后续章节中介绍，此处我们将目标锁定在良好氛围的营造上，而自上而下的宣传口径将在很大程度上有利于营造良好的落地氛围。

根据以往的经验和教训，建立良好的落地氛围可以参照以下做法。

1. 在公司战略落地中体现增量驱动的意志

企业应将增量绩效管理作为公司战略落地的重要举措，在各系统、各职能的职责使命中体现，在年度工作目标中体现，在重要的公司制度中体现，在公司工作总结或者动员大会上体现，在年度优秀分子的评选中体现。让增量绩效管理成为承接战略的通用策略，形成自上而下的战斗态势。

2. 宣传贯彻增量驱动理念

在公司全员尤其是干部队伍中以最大力度宣传贯彻增量驱动理念。按照管理中"动车理论"的说法，普通列车是依靠机车（火车头）牵引的，车厢本身并不具有动力。车头动力再足，整车速度有限。而动车组是一种动力分散技术，把动力装置分散安装在每节车厢上，运行的时候，每一节车厢都是动力，整车速度由此大幅提升。我们可以这样认为，老板是公司发展的火车头，如果干部在每一节车厢也能提供动力，进而带动每一节车厢的每一个零部件，一点点的增量汇聚起来将会产生巨大的潜能。

3. 在公司办公场地适度植入增量驱动的理念标志

这一做法是软性要求（精神、理念等）在硬件设备上的映射。运用得当，可以产生激发全员追逐增量的效果。

打通增量绩效法落地前行的道路，不是一件可以迅速实现、容易实现的事情。一个细小的环节就有可能导致增量绩效管理变成烂尾工程，比如企业经常遇到的成本问题——成本的增量大于业绩的增量，出现透支的情形；比如有些关键指标的设计不合理，会让最能产粮食的良田"歉收"，让最会种粮食的农夫"亏本"；再比如从经营层到部门层的绩效挂钩系数设置不到位，会导致"经脉"上的断层；甚至就是最不起眼的内部反对声音——来自安于现状的部分员工甚或中高层干部，人数多了，次数多了,也可能影响增量绩效法的落地。

所以,我们试图总结出从大量的增量绩效管理项目中提炼的经验和教训,分享给大家。我们不奢求通过以上经验教训的分享就能让大家在增量绩效管理的实践中不走弯路、不踩坑,我们期望的是提供给大家更多的借鉴和思路,并期待各位伙伴能够不断完善增量绩效管理的经验库和教训库,让它变得更完善、更有生命力。

但只做到以上这些还远远不够,至少距离达到"全打通"的目标还相距甚远。我们还需要建立与增量绩效法配套的机制,耕耘适宜增量绩效这棵种子生根发芽的土壤,播撒促动这棵种子茁壮成长的肥料。这些我们将在后续的章节中阐述。

| 第三部分 |

厚植土壤，
让增量绩效管理生根开花

CHAPTER

第 9 章

增量绩效法的配套机制建设

李总的苦恼

李总是某公司产品研发部的老总,也是在公司待了十几年的老员工了。做到这个位置,李总还是很有两把刷子的。

一方面,李总在公司的核心产品领域已经是顶尖的专家,对行业的理解之精深"无人能出其右"。有几次和行业专门研究机构的总工同台 PK,李总都是"秒杀"对方。因此,公司人力资源部经常接到关系好的猎头朋友的好心提醒:"哎,某某公司又让我们帮他们来挖你们公司的李总了。"

另一方面,李总的管理也有自己的一套。李总总结过管理的独门秘籍——扬长避短,软磨硬泡。李总这"八字秘籍"效果不错,目前产品研发部的核心骨干都比较稳定,无论是从应届生培养起来的干部,还是外部招录过来的人才,在李总的八字秘籍之下都成了能独当一面的大将。

唯独有一个人是例外,那就是最初和李总一起打江山的老下属 Wendy。Wendy 是李总晋升主管后带的第一个兵,做事认真,认死理。刚开始的几年,Wendy 的工作业绩不错,在李总管理八字秘籍的作用下,她的优点发挥得淋漓尽致,只要是客户提出的要求,Wendy 总能及时响应,给出解决方案。当然,有时候 Wendy 也会出现不符合李总思路的做法,这时,李总就用软磨硬泡的方式和 Wendy 沟通,有时候甚至会跑到 Wendy 家里去。一来二去,李总和 Wendy 的老公都成了熟人,两家人亲密无间。

最近几年,随着产品研发部的不断壮大,公司的产品线越来越生猛,光过亿级别的产品线已经有 3 条。Wendy 的级别也在不断提升,但个人的思想和能力仍在原地打转。有三个关键事件把李总一步步逼上了"绝路"。

事件一:公司将一个合同总额超过 1 亿元的战略项目交给 Wendy 负责,Wendy 作为公司高级产品总监带领三个员工进驻项目,对客户做需求调研,进而制订产品规划。但是,驻场仅一个星期,Wendy 就和客户大吵了两次,其中有一次吵架还是当着客户的董事长的面,小吵更是不计其数。争吵的关键点仅仅是公司的产品能达到客户 90% 的需求,但有 1～2 个功能因为技术问题可能不能按时实现。

因为 Wendy 的恶劣态度,客户的投诉电话直接打给了公司老板。老板得知此事后,狠狠地骂了李总,明确表示让李总自己先顶上去,然后跟 Wendy 谈,送 Wendy 一本书——《以客户为中心》,让 Wendy 学习反思,想不明白就"滚蛋"。李总这时还在为 Wendy 说话,说她只是"过于较真",才会和客户争执,好说歹说总算暂时平息了老板的怒火。这之后,李总亲自带队上了战场,"灭火"成功——客户的需求先保证 90% 满足,剩下的 10% 在交付可控的时间内如果能完成自研最好,不能自研提前找好外包商,不能耽误项目总体进度。在这个过程中，Wendy 找了李总好几次，一定要分出个对错，还要找老板亲自解释，让李总哭笑不得。

事件二：公司每年都会发起两次职级晋升的认证，Wendy 找到李总，表示自己干这一行这么多年，也算是老江湖，眼睁睁地看着新进来的骨干级别都不低，还有和自己平级的，请李总推荐自己去参加管理序列的职级认证。李总刚开始觉得 Wendy 达不到公司管理序列的要求，但在 Wendy 的软磨硬泡下，也觉得应该让 Wendy 尝试下。但最后的结果并不如意，Wendy 没能晋级成功。半年之后的第二次认证，Wendy 又去参加了，但仍然没有成功。

虽然经历了两次失败，但 Wendy 还是不死心，她又来找李总，请李总找领导们去"争取"。李总推心置腹地和 Wendy 分析了她的不足，并且建议 Wendy 考虑更高级别的专业序列，不要在管理序列上过独木桥。就算认定要走管理通道，也要先提升自己再去做职级晋升，这才是正道。谁知 Wendy 不仅没有听李总的劝说，反而将李总的"八字秘籍"发挥到了极致，有事没事就去找李总软磨硬泡，大有不达目的誓不罢休的劲头。有几次她甚至还直接到李总家里去，有时候还把自己老公也带上给她"助阵"。

刚开始李总对 Wendy 还很有耐心，毕竟既是同事又是朋友。但时间久了，李总不胜其烦。Wendy 呢，也升级了策略，既然光找李总没用，干脆直接找公司几个副总裁，请他们"酌情考虑"。年底的干部考核会上，老板也提起了 Wendy 的事，说："Wendy 怎么回事啊，跟个祥林嫂似的。"这让李总非常尴尬。与会的领导们也提议，不行就换人吧。但尽管如此，李总还是希望公司能够再给 Wendy 一次机会。

事件三：Wendy 晋升无果，就变得消极起来。半年来，李总给 Wendy 安排的任务，她总是想做了才做，不想做的干脆不理李总。这可让李总伤透了脑筋，他不仅要把 Wendy 的任务揽过来，Wendy 挑选了去做的工作还要他经常带人去兜底。这几年公司的业绩增长很快，但人员控制得却很严格，公司采用增量绩效法，一方面鼓励大家拼命争取业绩、多分奖金，另一方面推进公司的流程优化，内部运作的效能逐步提升，很多流程周期都大幅缩短。李总的产品研发部作为公司最重要的资源部门，更是将增量绩效法几乎用到了极致——业绩增长了一倍多，人数却基本没怎么增长。最近公司拿下了一个合同总额超过 2 亿元的大项目，李总把全部兵力都投进去还捉襟见肘。他想让 Wendy 带着小组杀进去，谁知 Wendy 却带着 6 个下属在一个总标的不到 80 万的项目里磨洋工。李总打电话给 Wendy 小组的成员，得到的却是统一的回复"Wendy 总说了，我们几个人都不准去，要不今年年底的绩效我们全部是 D"……

　　至此，李总终于对 Wendy 彻底死了心，他马上打电话给人力资源总监，开口就一句话："我要换人！"

　　李总就是第 7 章中的产品总监李四，我们曾经用虚拟的数字进行演示，张三、李四、王五的收入水平基本处于同一个等级，都很高，但现实永远比数字更复杂。一方面，完成目标数据谈何容易。我们以李四为例，年底李四达到了四项指标：产品销售额 1500 万，核心产品线产品化率达到 40%，产出 / 投入比为 3.7（"铁三角"共背），年度公司干部考核得分 80 分。这四项指标没有一项是容易实现的。另一方面，即使小环境具备了完成上述各项指标的条件，与小环境相配套的大环境建设也至关重要。

　　本章我们就选择大环境中的几个重要机制进行阐述。之所以说这些机制重要，是因为它们是企业管理的关键基石，是战略性课题。如果说增量绩效法的方法论部分我们还没有脱离人力资源管理的范畴，那么增量绩效法配套的重要机制几乎都是人力资源管理边界之外的内容，触及的更多的是企业经营范畴。从这个角度讲，如果读者恰好是人力资源领域的从业者，通过这一部分的内容就可以一窥经营型人力资源的究竟。

9.1 基于市场规律的资源配置

不见兔子不撒鹰，不见订单不配资源，是对基于市场规律的资源配置的最直白解读。进一步来说，就是要兔子多了多撒鹰、撒生猛的鹰，订单多了多招人、多划拨费用、多提供政策支持。需要注意的一点是，有时候兔子和订单不一定在眼前，而是在不远的将来。如果是这种情况，老鹰需要提前撒出去，资源需要提前配置，因此，企业要有老鹰般的眼睛，有狼一样的嗅觉，这样才能把订单拿下，才不会浪费永远都不可能充足的资源。

当然，市场上没有必然的事情，提前投入的资源有可能打水漂。老鹰撒出去很多、很久，资源投入了很多、很久，但兔子和订单就是不来，这样的情况也屡见不鲜。是不是因此我们就不去尝试、不去改革了呢？不是的，我们不能因噎废食。

基于市场规律的资源配置，需要让市场和客户说话，需要根据市场和客户建立相应的资源与管理机制。

9.1.1 让市场和客户说话

市场是企业最好的老师，而且是最初的老师。增量绩效法的配套机制建设需要从市场和客户角度寻找灵感。在市场和客户分析的基础上建立起来的以下三个机制将有利于增量绩效法的落地。

1. 业务节奏梳理机制

业务节奏指的是单位时间内（一般情况下是一个年度）不同阶段（比如季度）的业务发生比重。我们以一家服装厂为例，2021年这家服装厂的业务节奏按照四个季度统计是10%∶20%∶35%∶35%。由此可见，这家服装厂的第三和第四两个季度销售额占据了全年的70%。

对业务节奏进行梳理可以有以下几个方面的直接应用。

一是调整资源配置节奏。无论是预算方面还是人力资源规划方面，业务节奏梳理都有利于更合理地进行资源配置。比如，上述这家服装厂在上半年的业务量只占全年的30%，那么服装厂的工人配置可以按照30%对应的需求量来配置。对业务节奏的把握可以帮助我们更灵敏地控制资源投入。以原材料的采购为例，在原材料需求量相对较小的时间段储备保质期相对长久的原材料可能会花费更低的成本，这也是我们常说的反季节采购策略。考虑业务节奏的资源配置方案与不考虑业务节奏的资源配置方案相比，将会产生增量。细致、精准、适度的业务节奏把握将会把这一增量提升到一定水平。

二是调节阶段性重点工作任务。还是以服装厂为例，上半年业务量少，下半年任务量重，招聘工作、基础人事工作的节奏也就基本确定了。人力资源部在上半年可以花力气来打磨专业内功，上马开发类的专业项目。第二季度即将结束的时候，业务量开始增长，用人需求压力增大，人力资源可以加强招聘力量或者提升招聘工作比重。

三是为相关政策制定提供精准依据。以服装厂销售人员考核为例，因为业务节奏的明朗，销售人员的考核也就变得有规律可循。如果服装厂销售人员是按照半年度—年度作为考核节点，那么在半年度的时候销售人员的目标任务量应该是全年任务量的30%，而不是想当然的50%。业务节奏要求与考核进度应该是互相匹配的，从某公司的相关规定中，我们就可以清楚地看到这一点。

某公司业务节奏要求与考核进度匹配的相关规定（部分）

一、业务节奏

第一季度完成考核业绩目标的15%，第二季度完成考核业绩目标的25%，第三季度完成考核业绩目标的40%，第四季度完成考核业绩目标的20%。

二、考核结果处理

公司依照销售任务书约定按月提成考核和半年考核、年度考核。

1.半年度考核未按销售进度完成目标者，事业部总经理/销售总监有权根据销售人员的销售项目跟进状况酌情降低其月基薪（封顶暂扣××%）并书面提交人力资源部，报批公司业务管理委员会后执行。待下半年完成全年销售目标后，予以全数返还。如无明确项目预估的，公司有权提出月薪暂扣意见。

2.半年度考核时若销售人员所在团队负责人评估该销售目标完成不足24%（即上半年总目标15% + 25% = 40%的60%）时，经报批后，可及时调整该销售人员的销售目标，同时按新定位级别对应调整月基薪。

3.以上调整月基薪或重新定位方案半年度考核时由事业部总经理×月××日完成。未及时完成的事业部，由公司提出书面处理意见，通知各总经理后执行。

2. 业务价值评估机制

简单来说，业务价值就是订单能够为企业带来的价值。这一价值既有量的权衡，又有质的考量，在考核指标上最直接的体现是毛利率以及毛利总额。从这个角度说，业务价值就是订单的含金量。

业务价值包含业务价值的评估和业务价值的应用两个部分。

一是业务价值的评估。业务价值评估基本逻辑与岗位价值评估的基本逻辑是相同的。岗位价值评估是评估岗位在企业中的重要性，也就是评估业务相对于企业的含金量。一般情况下，可以从业务的经济价值和非经济价值（如技术价值、战略意义等）两个角度来对业务价值进行评估，在设计评估方法论的时候，评估要素与要素的影响水平是最为关键的两个部分。具体来说，我们可以参考某公司业务价值评估的三维度十一要素模型，如图 9-1 所示。

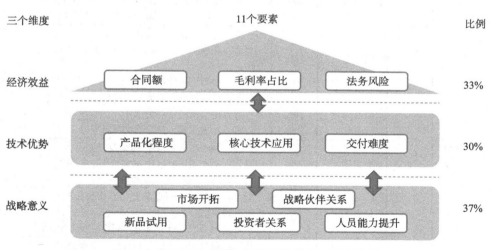

图 9-1　某公司业务价值评估三维度十一要素模型

在模型的指引下，形成该公司业务价值评估工具，如表 9-1 所示。

表 9-1 某公司业务价值评估工作表

维度	总体占比	要素	要素占比	分项评价标准
经济效益	33%	合同额	15%	优秀：高于 × 亿元及以上； 良好：× 千万元—× 亿元； 尚可：× 千万及以下
		毛利率占比	10%	优秀：占比 80% 及以上； 良好：占比 50%～80%； 尚可：占比 50% 及以下
		法务风险	8%	优秀：3～6 个月； 良好：6～12 个月； 尚可：12 月以上
技术优势	30%	产品化程度	12%	优秀：产品化程度高（占比 ××%）； 良好：产品化程度中（占比 ××%）； 尚可：产品化程度低（占比 ×%）
		核心技术应用	8%	优秀：核心技术应用 10 项以上； 良好：核心技术应用 5～10（含）项； 尚可：核心技术应用 1～5（含）项
		交付难度	10%	优秀：实施难度小，较为可控； 良好：实施难度良，同时受内外环节影响中等； 尚可：实施难度大，同时受内外环节影响大
战略意义	37%	市场开拓	12%	优秀：开辟全新的市场客户机会； 良好：在原有项目基础上，新开发客户需求达成合作； 尚可：参与单一项目
		战略伙伴关系	10%	优秀：妥善处理友商关系，挖掘新的合作机会； 良好：正常维持友商关系； 尚可：沟通困难，基本维持项目推进
		新品试用	5%	优秀：新产品毛利占比 50% 及以上； 良好：新产品毛利占比 30%（含）～50%； 尚可：新产品毛利占比 30% 以下
		投资者关系	5%	优秀：项目成为行业典范，获市场投资者注资，提升公司市值； 良好：项目成为行业典范，获市场投资者关注
		人员能力提升	5%	优秀：通过项目历练，培育出一支能独立作战的部队（5 人以上）； 良好：人员能力得到提升，完成交付任务
合计	100%	—	100%	—

在具体的应用中，各企业可以根据自身的行业特性与企业的具体情况量身定制业务价值评估工具。

二是业务价值的应用。业务价值评估输出的结果一般情况下是业务等级。通过业务等级的划分，我们就可以进行组织、人员、资源等各个方面的精准配置，如表9-2所示。

表9-2　某公司业务级别认定表

价值评分	业务级别
90分及以上	S
80～90分（含）	A
70～80分（含）	B
70分及以下	C

熟悉华为项目管理的人可能已经发现，华为业务价值评估的方法已经渗透到项目等级划分的操作中。

3.业务进度检核机制

业务进度检核是增量绩效法的预警、保障机制。如同航行，只有目的地是不够的，在航行的过程中对航向进行不断的调整才能最终抵达目的地。同样，如果缺乏过程中的检核，已确定的经营目标也不一定会完全实现，哪怕企业的各方面能力都非常出色，也难保南辕北辙的故事不会在企业中上演。

业务进度检核有四个议题。

（1）检核什么

业务是一个广义的概念，包括企业经营的方方面面。一般情况下检核的内容分为两个主要方面：一是业绩情况，比如销售额、贡献毛利、回款情况等；二是预算使用情况。阶段性的预算使用也就是核算，包括各个方面的预算内容，最重要的是人力成本（这个要素的比重正在稳定而持续地不断提升，无论哪个行业都是如此)、市场成本、原材料成本、费用、公共成本等。在一些特殊情况下，也会选定个别指标进行检核，比如预算使用情况中的费用。

我们可以通过某公司 A 事业部的案例来了解业务检核的内容，如表 9-3 所示。

表 9-3　某公司 A 事业部前三季度业务检核（局部）

单位：元

	目　标	实　际	占　比
贡献毛利	80 000 000	3 504 000	43.8%
当年度收款	65 000 000	26 975 000	41.5%
全年成本	3 200 000	2 400 000	75.0%
其中日常费用	617 000	467 000	75.7%

A 事业部前三季度的贡献毛利完成 43.8%。假定该事业部就是上文中举例的服装厂，其各季度业务节奏统计为 10%：20%：35%：35%，截至第三季度理论上应该完成的比例应该是 65%。43.8% 相比 65% 仍然有 21.2% 的差距。同样，当年度收款的完成情况也不理想，只有 41.5%。而全年成本和日常费用的消耗速度却快得多，都达到或者超过了 75%。因此经过审议，需要对该事业部进行进一步的剖析——日常费用检核，如表 9-4 所示。

表 9-4　某公司 A 事业部前三季度日常费用检核（局部）

单位：元

	目　标	实　际	占　比
移动通信费	78 000	60 100	77.1%
市内交通费	130 000	101 000	77.7%
差旅费	100 000	46 000	46.0%
业务招待费	180 000	150 000	83.3%
项目实施费用	129 000	110 000	85.3%

A事业部前三季度日常费用统计显示，该事业部业务招待费和项目实施费用消耗较快，而差旅费只有46.0%，单纯从数据上看，该事业部销售人员出差比较少。

（2）什么时候检核

关于检核的频率和时间，没有一成不变的规定。各企业可以选择月度、季度、半年度、年度检核，也可以根据实际情况随时进行检核。需要说明的是，为了控制管理成本，检核不宜过于频繁。

（3）怎么检核

一般情况下，业务进度的检核通过经营分析会进行，通常分为三个阶段：第一阶段是准备阶段。由财务部或者经营管理部统计相关数据，对公司整体经营状况进行分析，并出具公司运营报告与公司预警图，各体系接收财务部或者经营管理部提供的数据，并出具各体系的运营报告与各体系预警图。各体系预警图中的问题如果能够在本体系内解决，就地解决。如果不能在本体系内解决，那就问题升级，和公司级预警图一起上升到公司经营分析会上。第二阶段是经营分析会。公司级预警图和未被各体系自行解决的问题一起在会上讨论，并形成决议。第三阶段是预警措施落实阶段。经营分析会的建议操作流程如图9-2所示。

（4）检核结果如何应用

落实预警措施，一方面要求各部门整改可整改的问题，另一方面是要将检核结果应用到该用的地方去。对于经营管理部或者人力资源部而言，有一项重要的工作必不可少，那就是将检核结果进行适当范围内的公示。公示不仅可以敦促问题的解决、业绩的提升，还可以为后续考核提供重要的阶段性素材。

检核结果的公示可以参考以下样例：

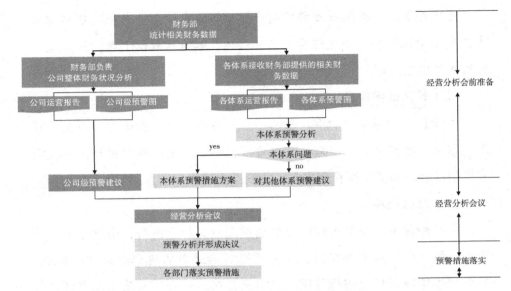

图 9-2　经营分析会建议操作流程图

某公司半年度业务检核结果公示样例（局部）

一、××事业部（负责人：××）

1. 重点解决应收款问题：在本年度1月至6月收款计划××××万元外，继续增加收款目标计划；需列出××××多万元新增项目的收款计划；

2. 全年新增贡献毛利目标××××万元，基本目标必须保证完成×××万元，截至目前已完成及在途等项目计划，如何保证差异部分的×××万元完成；

3. 对新增的人员需求需要评估，就基本目标×××万元预算内能否实现，如可控制在××××万元对应预算内可招聘，如果不可以则不可招聘；

4. 未来需要更多地向××业务转型，目标：××业务比例由×××%增加到×××%。确定由×××组织策划召开×××专题研讨会，解决怎么做、如何做××业务。

二、××事业部（负责人：××）

1. 力保总体业绩目标。在确保年度完成×××万元新增贡献毛利目标的基础上，争取突破×××万元。

2. 重点关注应收款工作。审视××客户的××××万元应收款，加快验收。××客户的×××万元应收款必须于年底之前收回。

3. 严格控制成本。在新增贡献毛利没有新突破的情况下，不释放增加的成本部分。团队负责人要审视现有人员，必要的情况下可以将人员释放出来，支持其他业务的拓展。

9.1.2 建立相应的资源与管理机制

掌握业务节奏，评估业务价值，是为了建立相应的资源与管理机制。企业应当积极主动地掌握并应用业务节奏以及业务价值评估的成果，建立资源配置与管理规则，从源头上把控资源的调配，这样才会真正起到"磨刀不误砍柴工"的作用，从而保护公司资源（包括人力资源），防控经营风险，以及使公司资源实现价值最大化。

我们列举三个资源配置与管理的场景。

场景一：通过业务节奏控制费用配比

打多少单，花多少钱，是通过业务节奏控制费用配比的基本逻辑。当然，打单和花钱并不一定同步，因此需要制定策略来释放费用，如表9-5所示。

表 9-5 某公司业务费用释放规则

单位	第一季度	第二季度	第三季度	第四季度	合计
事业部 A	30	44	30	44	148
事业部 B	5	6	5	6	22
事业部 C	19	28	19	28	94
事业部 D	4	6	4	6	20
小计	58	87	58	87	290

该公司基于业务节奏议定额度释放原则,由各部门自主控制的费用释放进度,按照与业绩完成进度相匹配的节奏、季度执行。申请报销原则是根据季度业绩完成进展情况进行申请。完成季度业绩,释放相对应的统筹部分额度;未完成季度业绩,相关措施由销售管理部门审议后决定。

场景二:通过业务价值评估配置角色

在业务价值评估方法论(参照前文某公司业务价值评估三维度十一要素模型以及衍生出的业务价值评估表)的支撑下得到项目价值区间,根据项目价值区间配置不同的项目角色。项目角色配置规则可参照表 9-6。

表 9-6 某公司项目角色配置规则

项目级别	项目价值	项目角色							
		项目总监	项目经理	技术经理	咨询师	人事	商务	财务	行政
S	90 分及以上	√	√	√	√	√	√	√	√
A	80~90 分(含)	√	√	√	√	√	√	√	兼
B	70~80 分(含)	兼	√	√	√	√	√	兼	兼
C	70 分及以下	兼	√	√	√	兼	兼	兼	兼

基于项目价值评估结果配置角色(而不是人员),其本质是通过项目角色发挥角色作用、把控角色风险。这种做法一方面可以做到为规格高的项目配置更多的资源,另一方面也有助于实现规格不高的项目之间的

资源共享，比如人员的复用，一个人可以在级别不高的多个项目中担任相同的角色。

场景三：通过业务价值评估配置人力资源规划与相关费用包

基本逻辑与上述两个场景一致。在业务价值评估完成之后，人力资源规划和相关费用包（比如项目奖金包）就可以进一步推动了。配置规则如表 9-7 所示。

表 9-7 某公司项目人力成本与项目奖金包配置规则

项目级别	项目价值	人力成本资源配置上限	项目奖金包参考上限
S	90 分及以上	30%	毛利 3%
A	80～90 分（含）	30%	毛利 2%
B	70～80 分（含）	40%	毛利 1%
C	70 分及以下	40%～50%	无

项目人力成本与项目奖金包配置规则提前确定，有利于项目负责人推动人力资源规划与激励机制的设计。

资源配置与管理规则可以为增量绩效法带来机制保障，其本身也可以与增量绩效法结合，成为增量的驱动点。比如节减下来的费用包、人力成本包都可以作为增量激励包进入增量绩效管理体系。

9.2 基于支撑业务的能力建设

能力建设是一个庞大的体系，在增量绩效法的框架中我们将能力体系聚焦到任职资格体系上。《增量绩效管理》的作者周辉创立的"企业系统管理的三六三模型"也将任职资格管理体系作为企业系统管理基础的六大体系之一，如图 9-3 所示。

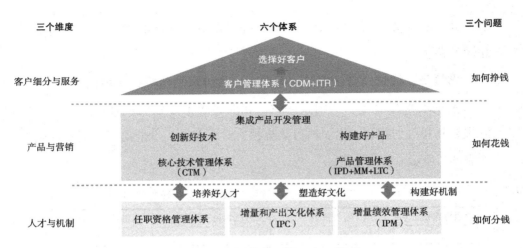

图 9-3　企业系统管理的三六三模型

9.2.1　任职资格概述

在企业中，促使人前进的动力有哪些？从四个方向来分解，拉力、推动力、控制力和压力都是动力。竞争淘汰机制输出压力，约束监督机制输出控制力，激励机制输出推动力，牵引机制提供拉力，如图 9-4 所示。在牵引机制中，任职资格是能够提供拉力的系统，这个系统为每个员工提供一个职业发展的阶梯，让员工清楚未来发展的高度，明白到这样的高度需要什么样的条件，以及达到这一高度可以选择的路径。

1. 任职资格相关定义

任职资格管理是为了实现企业战略目标（包括企业财务指标和非财务指标），根据企业组织（包括业务模式、业务流程和组织架构）的要求，对员工的工作能力（包括知识、经验和技能要求）和工作行为（包括工作活动、行为规范和工作质量等）实施的系统管理。任职资格管理的实质是能力管理。

图 9-4　企业人前进动力模型

与任职资格相关的几个定义如下：

岗位：组织要求个体完成的一项或多项责任以及为此赋予个体的权力的总和。换句话说，岗位是指由一个人来从事的工作，比如培训专员岗。

职位：由特定的人所担负的一个或数个任务的集合。职位可以由一个或多个岗位组成，比如培训管理职位，这一职位一般包括培训总监、培训经理、培训主管和培训专员。

职种：将任职者需具备的素质种类相同或相关、承担职责与职能相似或相同的职位分类归并而成。职种是企业内不同的责任体系。比如人力资源管理职种，按照六大模块来划分，包括人力资源规划、招聘与配置、培训管理、绩效管理、薪酬福利管理、劳动关系管理。有些企业将职种命名为序列。

职类：将工作流关系以及组织结构相同或相似、绩效标准以及薪酬要素等管控激励方式相同的或相似的职种分类规定而成。比如职能类，一般包括财务、行政、人力资源、法务、品牌、商务等。有些企业将职类用编码标志，比如职能类编码 P，技术类编码 T，管理类编码 M。从岗位到职类见图 9-5。

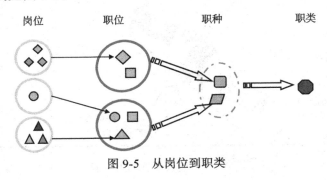

图 9-5 从岗位到职类

职级：依据同一职位的从业人员的知识宽度与广度、技能熟练程度、素质、行为标准的高低和管理职责的大小来进行划分，强调的是同一职位中从业人员的胜任能力的差异性。比如职能 5 级（P5），就是指职能类职级 5 级。有些企业在职级的基础上再细分职档，来划分职级的不同水平。比如华为的 18A，就是指职级 18 级的最高档。

职层：依据从业人员的胜任能力、水平、范围的梯度性差异来确定，它是对承担职位的资格与能力的制度性区分。职级的适度归类形成职层，比如有企业将公司的职层分为四层，分别为核心层（P9 及以上）、中坚层（P7-P8）、骨干层（P4-P6）、基础层（P1-P3）。

2. 任职资格体系建设的目的和意义

建立任职资格体系主要有以下四个目的。

第一，明确不同业务工作的任职要求，激励员工不断提高自身的职位胜任能力，促进组织绩效和员工个人绩效的持续改进。

第二，通过开辟职业发展双通道（有些企业将职业发展双通道称为职业发展 H 模型，双通道指的是行政晋升和专业晋升，见图 9-6），为员工发展提供更大的选择空间,从而留住人才。

第三,树立有效培训和自我学习的标杆,以资格标准不断牵引员工终身学习、不断改进,保持公司的持续性发展。

第四,开展任职资格评价,促进工作的规范化和标准化,提高员工工作职业化水平。

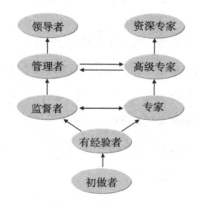

图 9-6　职业发展双通道

综合来看,任职资格体系最终的落脚点是两个实现:实现员工能力的提升,实现企业效益的提升。

3. 任职资格体系结构

任职资格体系分为两个结构,一个是标准结构,一个是运作结构。

标准结构又包括能力标准和行为标准两部分,如图 9-7 所示。能力标准描述的是每个职种不同级别的员工应该知道什么、能做什么、能做到什么程度,是企业或组织对任职者(人)任职资格的要求。行为标准描述的是每个职种不同级别员工的业务行为规范,员工据此开展工作更容易取得高绩效,是企业或组织对任职者做事方式的要求。

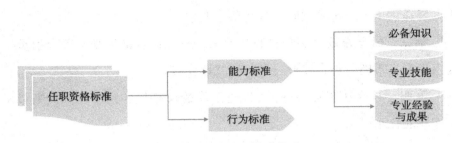

图 9-7 任职资格标准构成

运作结构包括任职资格评价与任职资格应用。任职资格评价对应任职资格标准,是对能力和行为的评价。行为评价是对照行为标准要求,检查员工是否按要求开展工作的过程,行为评价可与绩效考核结合起来,以业绩积分的形式参与员工任职资格定级。

任职资格应用在增量绩效管理中意义重大,因此我们将之作为单独的一个主题在后续进行阐述。

9.2.2 任职资格建设要领

任职资格建设一般分为七个关键步骤。

第一步,职位梳理,确定员工职责。

第二步,职种定义,确定划分标准。

第三步,职种分析,确定职业通道。

第四步,职级分析,建立岗位价值评估支撑的职种—职级对应关系。

第五步,制定任职资格标准。

第六步,任职资格认证。

第七步,形成运作机制、流程制度。

我们不在这里详细阐述任职资格建设的具体步骤细节。基于行业的探索和实践，结合在任职资格领域多年的实战经验，我们列举任职资格建设的一些要领。

1. 不要追求绝对量化

在任职资格体系建设过程中，从职级的划分到标准的制定，再到后续的人员认证，几乎所有环节都会遇到一个至关重要的问题：任职资格是否要量化？这个问题，会不止一次地被提起，甚至在项目推动过程中的深度参与者也会在最初的时候理解，在过程中产生疑惑，最后成为"调转枪头"来质疑的人。

任职资格标准到底要不要追求量化？答案是肯定的：要！但任职资格要不要追求绝对量化呢？不要。原因在于，第一，任职资格的标准（不论是能力标准还是行为标准）追根到底是基于经验的，追求绝对量化相当于和影子搏斗。第二，就算任职资格标准能够被绝对量化，而拿着标准去评估的人是主观的，追求绝对量化相当于刻舟求剑。

那么，关于任职资格标准的量化问题有没有一个相对好用的准则呢？有，对于任职资格标准而言，无论是标准的开发还是使用，都必须坚定一个信念：多重主观形成相对客观。

2. 及时建立与任职资格配套的其他机制

任职资格就像一根旗杆，立起来就是为了给猴子（能力管理）爬的。如果不及时立起其他的旗杆，你会发现其他的动物也会争先恐后地爬上来，这些动物包括蚂蚁、老鼠，甚至还有大象。因此，任职资格体系建立之后需要迅速、全面地建设与之配套的薪酬福利体系、招聘管理体系、绩效管理体系、干部管理体系、培训与培养体系，以及企业文化体系，否则这些体系滋生的问题就像各种动物，一窝蜂地向任职资格这根旗杆爬过来。如果有人问大象代表哪一类的问题，我们的答案是薪酬问题。因为有了任职资格，老板要给员工加工资之前通常会问一个问题：他有没有考级（没错，一般是这个词）？时间久了，大家逐渐明白：要想加工资，必须先考级。当然就算先考级，也未必加工资。因此我们建议，及时建立与任职资格配套的其他机制，如果一定要排一个优先级，那就是：

最高优先级：薪酬福利体系。

次高优先级：绩效管理体系。

再次高优先级：培训体系、招聘体系。

再再次高优先级：干部管理体系、企业文化体系。

当然我们遇到的需求是千差万别的，每家企业都会有自己的排序。需要特殊说明的一点是，任职资格解决的是能力管理问题，更确切地说是入门能力管理问题，如果要对高阶能力（哪怕低职级的人也会有低职级的高阶能力）进行管理，就需要建立胜任力体系。胜任力体系指向的不是入门能力，而是成功解决问题的能力。

3. 全员覆盖的重要性

"全员覆盖"的"全员"是指从老板到每个员工。任职资格标准开发完以后，往往会在一定范围或者绝大多数范围进行评估、认证。绝大多数做任职资格的公司往往也就到此为止了，总会留着一批人（比如高管、销售等）"逍遥在任职资格之外"。时间久了，问题越来越多，比如，总有一部分人不能依靠任职资格定级、定薪，只能走"一事一议"，乱象渐增；有一部分会从有等级走向没有等级，由有序变成无序，职业发展路径从有变成没有；没有在覆盖范围内的人往往会成为任职资格体系的指责者、声讨者。因为他们没有躬身入局，不能亲身体验规则的好与坏，他们提出的问题往往是表面的问题或者吹毛求疵的问题；没有进入覆盖范围内的人一般是"特权"人员或者"特殊"人员，那么任职资格所有需要他们配合的地方都会成为他们的"累赘"，任职资格的事情成了"你们"的事情，不是"我们"的事情。为了避免这些问题，任职资格体系必须做到全员覆盖。

4. 定期审视任职资格标准

标准是会变的，因为我们的能力在不断提升。如果标准长久不变，说明这个组织已经很久没有进步了。因此，定期审视任职资格标准是很有意义的。

定期审视建议从以下几点入手：

（1）定期新增、淘汰、合并、拆分一些标准。因为业务的发展是快速的，我们不能拿着幼儿园小朋友的鞋子给大学生穿，哪怕是同一个人，他也不可能穿得上自己小时候的鞋子。

（2）每两年左右，请行业专家（最好是外部专家）走进企业内部，帮助审视任职资格标准。

（3）定期（一般情况下为1年）向任职资格的关键用户（标准制定者、任职资格评委）进行重复性宣传贯彻，从关键用户处获得标准使用的优化建议，并将之纳入新标准的升级工作中。

9.2.3 任职资格应用

任职资格属于人力资源基础体系。与人力资源的其他模块有着千丝万缕的联系。图9-8很好地说明了任职资格与职位管理、薪酬、绩效、招聘、培训等模块的关联。

236 华为增量绩效法

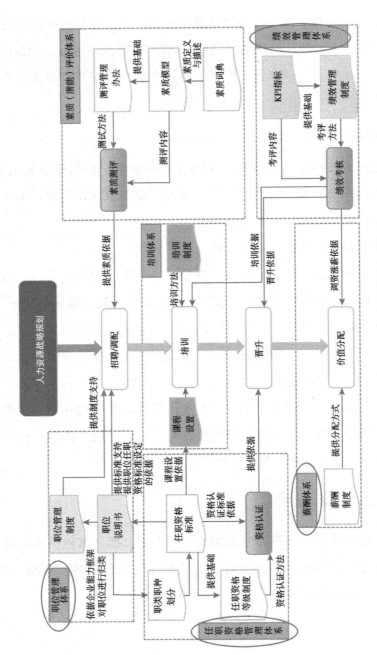

图 9-8 任职资格在人力资源体系中的位置

任职资格常用的应用如下：

1. 人力资源规划

经过系统测算，任职资格体系可以用于人力资源规划，基本逻辑是以某一任职资格等级为标准，进行能力总量的预算，以此作为人力资源规划的指导。比如某企业以 T4 作为标准能力等级，经过业务总量测算能力总量，结合标准能力等级换算规则，细化出各职级的需求量，如表 9-8 所示。

表 9-8 某公司技术人员能力换算规则（局部）

项目	T0	T1	T2	T3	T4	T5	T6	T7（资深）	T8
系数模拟：总体	0.4	0.5	0.6	0.8	1	1.3	1.6	1.8	2.3
系数模拟：软件总体	0.4	0.4	0.6	0.8	1	1.3	1.6	1.8	2.3
系数模拟：硬件总体	0.4	0.5	0.6	0.8	1	1.3	1.6	1.8	2.3

2. 员工定级

在职员工满足相应职种申报条件，即可申请相应级别的任职资格等级，定级评价后确定其任职资格等级，据此确定相应的薪资福利待遇。某公司将员工定级的各个场景进行了梳理，如图 9-9 所示。

3. 薪酬框架

以职级作为薪酬带宽的划分参照物是将任职资格定级应用到薪酬框架中的常规做法，如图 9-10 所示。

也有企业直接将薪酬上下限与职级、职档挂钩，如表 9-9 所示。

4. 招聘与培训

任职资格中的能力要求、成果要求为招聘与培训提供基础支持，很多企业的岗位说明书、招聘工作说明、培训目标人物画像直接来自任职资格。

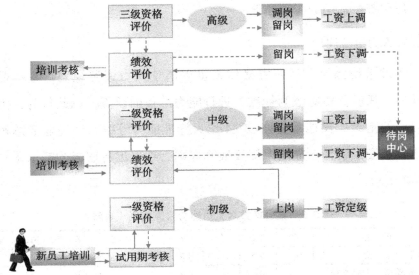

图 9-9　某公司任职资格认证定级场景

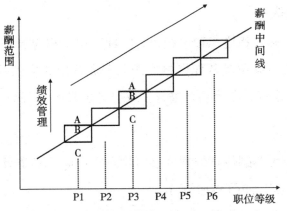

图 9-10　某公司薪酬框架与职级对应关系图

　　任职资格体系的应用场景有很多，随着任职资格建设的日渐成熟，企业经营管理的配套机制日渐丰富，与任职资格联动的场景会继续涌现。

表 9-9　某公司薪酬框架与职级职档对应表（局部）

序列	P1			P2			P3		
	C	B	A	C	B	A	C	B	A
后端	5544	6237	6930	6930	7623	8316	8316	9702	11 088
前端	7392	8316	9240	9240	10 164	11 088	11 088	14 844	18 600
IOS	5148	5792	6435	6435	7079	7722	7722	9504	11 286
Android	5148	5792	6435	6435	7079	7722	7722	9801	11 880
UED	3960	4455	4950	4950	5445	5940	5940	7425	8910
测试	3960	4455	4950	4950	6435	7920	7920	8910	9900

9.3　基于业务领先的组织建设

谈到增量，组织建设是一个无法可避的话题。讲增量驱动，业务领先的组织建设是一个无法可避的话题。增量驱动、组织建设、业务领先（思维或者模式）三者之间的关系是非常紧密的。

企业的发展成果需要组织来承接，企业的持续发展需要组织的发展去牵引。而组织发展所需要的能量来自增量，业务领先是获取增量最有效的方式。这就好比人体的成长，人的长高、长大是从骨骼的成长开始的，而骨骼的成长需要吸收大量来自外部的营养。组织类似人体的骨骼，增量就是骨骼成长所需要的营养，业务领先就是营养生产的加速器。

增量驱动的最终动力来源一定是业务的增长。业务领先（思维或者模式）是业务增长的有效法门。增量驱动要想获得业务增长的动力需要用业务领先（思维或者模式）来改造组织。

没有业务领先的组织建设，难以形成增量，或者不能形成足够多的增量；没有增量驱动的组织建设难以促成发展，是"自嗨"；业务领先的增量驱动如果没有落实到组织建设中，增量不能得到很好的承载，企业发展缺少了重要的"容器"。

业务领先、组织建设,分开探讨都是一个独立的、庞大的体系。在本节中,我们只聚焦于对业务领先的认识、基于业务领先的组织形态,以及几种实战效果出众的组织形式三个方面。

9.3.1 业务领先讲了什么

业务领先更多的时候提的是 BLM 模型（Business Leadership Model,业务领先模型,有些地方也称为业务领导力模型）,这个模型是 IBM 首创的企业战略制定与执行连接的方法论,其宗旨是给飘在天上的战略接上地气。BLM 模型从市场洞察、战略意图、创新焦点、业务设计、关键业务、正式组织、人才、氛围与文化等方面引导经营决策者进行经常性的战略制定、调整及执行跟踪,如图 9-11 所示。

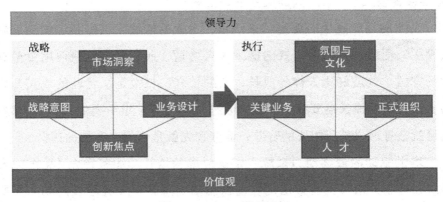

图 9-11　BLM 模型框架

BLM 模型分为三部分:最上面是领导力,企业的发展是由领导力来驱动的;中间部分被称为战略和执行,既要有好的战略设计,同时要有强的执行,总结成公式就是"成功 = 一流的战略 + 出色的执行";最下面的部分是价值观，价值观是决策与行动的基本准则，要确保价值观反映在公司的战略与执行上。

BLM模型认为战略的制定和执行包括八个相互影响、相互作用的方面，分别是战略意图、市场洞察、创新焦点、业务设计、关键业务、氛围与文化、人才和正式组织。

对战略要求和执行结果之间的差距分析是用BLM模型进行管理改进的第一步。差距主要包括业绩差距和机会差距。业绩差距是经营结果和期望值之间的差距，可以通过高效的执行来弥补，不需要改变业务设计。机会差距是经营结果和新的业务设计所带来的经营结果之间的差距，机会差距需要新的业务设计进行弥补。

BLM模型是战略与落地执行工作沟通的通用语言，可以降低战略落地的风险，促进业务和人力资源战略的有效连接。华为是使用BLM模型的标杆企业。

我们通过一个实际案例来一窥BLM模型的魅力，如图9-12、图9-13所示。

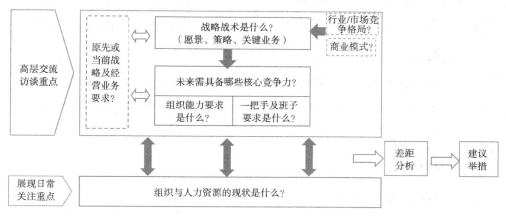

图9-12　某制造业企业业务领先模型应用举例（市场与商业模式拷问）

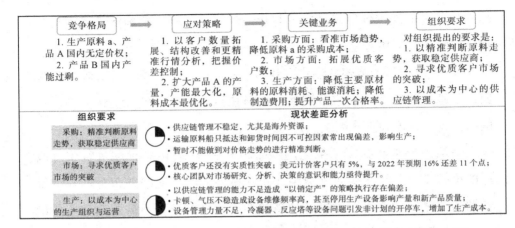

图 9-13　某制造业企业业务领先模型应用举例（评价的关键输出及结果应用）

通过竞争格局、应对策略、关键业务的逐步分析，导向对组织建设的要求，从战略目标到组织建设的执行，环环相扣，步步为营。

9.3.2　基于业务领先的组织形态

基于业务领先的组织形态，一定是面向战场的组织形态，一定是以客户为中心的组织形态。这样的组织形态是最有活力、最能把握市场和客户需求的组织形态，在激烈的市场竞争中，这样的组织形态将会最后一个被淘汰。

业务领先的组织形态体现的是"让听得见炮声的人呼唤炮火""所有资源向前线倾斜""瞄准前线、批次进攻"的作战模式。我们将这一模式称作"前线定义平台"，形象化的展现如图 9-14 所示。

前线定义平台有以下几个主要特点：

1. 战区主战

如何获取、完成客户订单由前线说了算，而不是中后台说了算。体现在图中就是销售呼唤炮火，销售与前线服务人员满足客户需求，因为他们最了解客户。

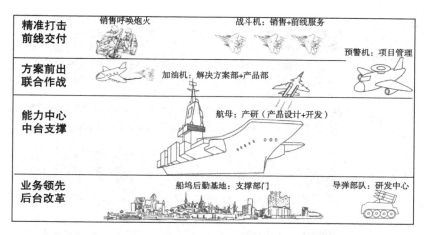

图 9-14　业务领先的组织形态建设示意图

2. 军种主训

产品线负责打磨产品，不断向战区/前线输出解决方案，向前线赋能。体现在图中就是产研部门不断提升产品能力，不断赋能各产品线，并负责建立一支贴近一线的加油机部队，及时向前线输送解决方案，支援销售和服务人员作战。从一定程度上说，作为导弹部队的研发中心起到的也是类似的作用，当然除非有极其难解决的问题需要研发中心直接出手，否则一般情况下研发中心只向产研提供赋能即可。

3. 建立属地化联合作战指挥中心

贴近一线的地方可能会有企业的多个产品线集体作战，这就需要在属地建立联合作战指挥中心，实现高效协同。体现在图中就是预警机（项目管理）的作用，相当于前敌指挥部。

进一步细化，可以建设类似图9-15的组织形态（以互联网公司为例）。

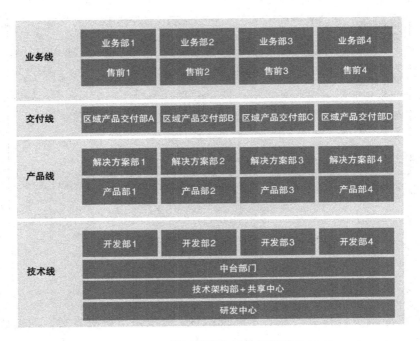

图9-15 某互联网公司的组织形态

在以上组织形态中，各部门的职责主要概括为：

业务部：寻找业务线索并将其实现，以合同签订为阶段任务。

售前部：在解决方案部提供的标准化解决方案基础上，根据客户需求形成"业务版"解决方案，协助业务部打单，主动向解决方案部输出通用性需求。

交付部：派出项目经理，协同各个角色完成项目交付，包括完成客户定制化需求的技术开发。

解决方案部：输出标准化解决方案，赋能咨询部。主动从业务部寻找迭代标准化解决方案的客户通用性需求,并主动向产品部输出业务架构可行性方案。

产品部:接收来自解决方案部的业务架构可行性方案,输出产品规划与产品设计方案,赋能业务线。审视产出线的产品化水平和市场表现。

开发部:技术经理根据技术平台的技术架构需求开发产品。作为交付线技术开发的第一后援部门。

中台部门:负责建设智能中台、数据中台、业务中台。

技术架构部:向产品实现部门主动输出技术架构,并根据产品实现部门输送的通用性技术要求优化技术架构。

共享中心:提供技术架构与公共资源支持(技术架构师、UED、测试、运维等)。

研发中心:开展原生应用技术研究,深挖公司的技术"护城河"。

9.3.3 几种实战效果出众的组织形式

基于业务领先的组织形态解决的是组织建设策略层的问题。组织建设战术层的问题需要更具体的组织形式来完成。

在这里,我们介绍三种实战效果出众、灵活高效的组织形式供大家参照。

1. 基于专项任务的专班组织

严格意义上说,专班组织是项目型组织中更为短期、灵活的一种形式。专班,顾名思义是为了解决某一项专门任务而设置的非固定组织,具有以下三个特点:一是任务明确、有相当的难度,一般比较紧急;二是任务周期不会太长,"短小精悍";三是需要有同一领域知识、技能、经验的人员参加。我们通过下面的实例可以感受。

关于设立 ×× 产品专班的通知

为了进一步完善产品研发协同工作机制，加强在 ×× 领域的产品创新和产品设计，推动产品研发落地工作，经研究决定，在公司 ×× 管理工作组的属下，设立 ×× 产品专班。现将有关事项通知如下：

一、专班工作职责

1. 开展 ×× 领域新产品的研究并提出立项建议；

2. 定期组织开展 ×× 领域的产品研讨工作，对产品发展和现有产品存在的问题提出相关意见与对策；

3. 推动产品规划，组织拟订 ×× 领域的产品年度研发计划，提出产品研发落地建议。

二、专班成员

刘 ××（召集人）、张 ××、杨 ××、郑 ××、孙 ××、周 ××。

产品研发中心
二〇×× 年 × 月 × 日

2. 基于角色设置的项目型组织

基于角色设置的项目型组织在前文中多次提及。角色设置有利于把控风险，提高人力效能。除了一般项目型组织具备的特点，基于角色设置的项目型组织还具有以下三个方面的特点：一是与资源池联合打造；二是项目中的角色因为能力相近，往往会为人员的培训培养提供契机；三是项目的价值决定了角色的丰富程度。

基于角色设置的项目型组织在华为的运用较为成熟，为华为的业绩增长做出了不可磨灭的贡献。"铁三角"、项目管理矩阵是其中的典型代表，如图 9-16、图 9-17 所示。

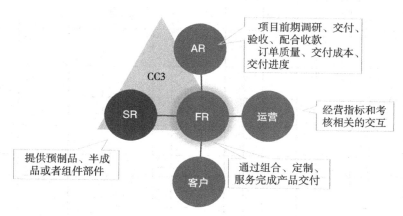

图 9-16 华为"铁三角"生态

3. 基于团队共创的网状组织

基于团队共创的网状组织,具有更高的灵活性和多面性。与基于专项任务的专班组织和基于角色设置的项目型组织相比,基于团队共创的网状组织具有以下特点:一是基于共创生成多任务,每项任务都有一位牵头人;二是组织成员参与所有任务,在每个任务中都有分工;三是所有人员都参与任务。这种类型的组织非常适合信息需要高度对称的工作。某部门的实例很好地说明了以上特点,如表 9-10 所示。

表 9-10 某部门共创任务与分工情况

序号	共创课题	项目经理	项目成员
1	试题库建设	张三	李四、王五、孙六、周七、钱八
2	员工关怀小组	李四	张三、王五、孙六、周七、钱八
3	课程库建设	王五	张三、李四、孙六、周七、钱八
4	HR 常犯错误集锦	孙六	张三、李四、王五、周七、钱八
5	关键岗位地图	周七	张三、李四、王五、孙六、钱八
6	关键人员离职预警图	钱八	张三、李四、王五、孙六、周七

项目阶段	业务模块	业务活动	项目Sponsor	项目Owner	DPM	TD	PFC	PPM	CM	SCM	HR	PCM	DQA	RPM	采购履行经理	功能部门
建立项目	建立交付财经环境	上载发布项目核算规则与项目经营管理制度至IPFM系统					R									
		接收并检查预算决策意见					R									
		组织签订经营合同书					R									
	评审和发布项目计划和预算	签订经营合同书		R												
		上载并发布预算和经营合同书（含上载系统和邮件正式发布）					R									
	预算授予	提出项目预算授予方式			R											
		申请（追加）当期授予额度			R											
		设置额度					R									
	资源申请和调配	制订交付项目人力资源需求计划														
		资源申请并例行跟踪									R					
		资源满足														
	项目全员任命	发布项目任命			R											
	组织签订项目全员考核PBC	组织签署项目成员PBC										R				
	项目开工会	组织客户、项目、供应商召开项目开工会								R						
		供应方案验证和优化														资源部门RDM

图 9-17 华为项目管理矩阵（局部）

之所以以上三种组织实战效果出众、灵活高效，是因为它们有这些共同点：扁平化、信息互通、权责分明。在新生代员工不断进入职场、不断被"迭代"的新时代，这种特点的组织会受到越来越多的欢迎。

回到开篇李总和 Wendy 的故事，我们会发现，结合本章介绍的内容，故事中有很多值得我们挖掘和分析的点。

如果李总所在的公司建立了资源配置机制，就可以做到项目与资源的合理配置，不会出现 Wendy 在公司有 2 亿大订单的情况下还意气用事地带着下属们到一个标的只有不到 100 万的小项目里磨洋工的情况了。

如果公司的任职资格体系完善，而且 Wendy 也能够认识到自己的长处和短处，不会在管理这条"独木桥"上走到黑，而是选择专业发展路径，应该不会出现"托关系走后门"逼着李总和公司领导们"放水"的行为。

如果李总善于使用基于业务领先的组织建设，尤其是几种比较灵活的组织形式，也许 Wendy 把团队拉到小项目里的做法就不会对李总的排兵布阵产生负面影响了。

换不换 Wendy？有没有两全其美的办法？我们由衷地期待李总和人力资源总监能够找到更好的解决方案。

CHAPTER

第 10 章

培育增量绩效法需要的土壤

增量驱动的滑铁卢

辛能达集团（化名）是一家老牌的电力设备制造型公司，创办于 1991 年。2007 年，国家电网收购了辛能达一部分股权，使其成为一家有国资背景的龙头企业。"客户至上，追求卓越，创新发展，科学高效"是集团奉行的核心价值观，"用科技成就未来"是集团愿景。到 2017 年底，集团有 4000 多名员工，20 多个分子公司，年产值 50 多个亿，净利润近十年来一直维持在 2～3 个百分点。2018 年初，原 CEO 因为年事已高、身体欠佳退居二线担任董事长。业绩和净利润的增长空间遇到瓶颈的难题摆在了继任 CEO 不久、COO 出身的赵总面前——集团需要寻求新的增长契机。

2019 年初，赵总的继任者、新任 COO 金总在一次沙龙活动中结识了 N 咨询公司的增量绩效管理专家刘老师。金总与刘老师相谈甚欢，在对刘老师高度认同的同时，他也对增量绩效管理产生了很高的期待和信心，希望它能帮助辛能达实现业绩增长。于是，金总诚挚邀请刘老师带领咨询团队和辛能达集团经营团队高层进行了数次深度沟通，并最终达成了合作意向，共同推动辛能达集团增量驱动业绩提升项目。

作为项目总顾问和高级合伙人，刘老师带领 N 咨询公司 5 名咨询顾问（从业经验都超过 10 年、深度参与的增量驱动项目都不低于 3 个）进驻辛能达集团，和金总带领的经营管理部、财务管理部、人力资源部等部门负责人和骨干成立联合项目小组，开启了轰轰烈烈的增量驱动落地项目。项目为期 16 周，目标是在 2019 年下半年全面推行增量绩效，并争取实现 2019 年年度销售额同比增长 20%，净利润同比增长 10%。

5 个月后的项目主要情况如下：

①经营系统、人力系统、信息化系统完成增量绩效落地；生产系统、供应链系统、财务系统无实质进展；销售系统中，7 个销售部完成 3 个，另有 4 个无进展；

②开放式预算来回修订接近 10 稿仍然未通过，主要原因是公司高层对是否在电力设备操作系统领域进行持续投入未达成共识。规划院院长（代理 CTO）认为需要投入，CFO 反对投入；

③产品线划分完成 80%，剩余 20% 未完成的原因在于公共资源的切分规则未定，产品线数据统计不完整；

④增量绩效对应的薪酬福利体系无可确定版本，主要原因是提名与薪酬委员会中的委员（已经退休但仍然作为委员会顾问的原高管，其中还有 CEO 赵总的老领导）提出反对意见，认为新体系方案对原有方案破坏太大，赵总难以拍板。

刘老师带队的 N 咨询公司与辛能达集团也出现了一些商务条款上的问题：

①按照合同条款，项目应该进入验收环节。但目前 N 咨询公司只收到 40% 首款，辛能达 CFO 以项目进展不理想为由迟迟不支付第二批 50% 项目款，更不要说验收和支付剩下的 10% 尾款了。

②项目延期 1 个月，N 咨询公司认为主要原因在于辛能达集团内部的问题。按照合同条款需要支付滞纳金；辛能达对 N 咨询公司的观点不认可。

③原来商务条款中约定咨询公司的差旅食宿费用由辛能达集团承担。但从第 9 周开始，辛能达集团就不再报销项目组的差旅食宿费用。N 咨询公司提出交涉，出纳、财务经理、CFO 互相推诿，满口答应，就是迟迟不予核销，金总斡旋多次也没什么效果。

深陷辛能达集团项目泥潭的 N 咨询公司，在 2019 年 8 月的合伙人联席会议上艰难决定：与辛能达集团协商终止增量驱动落地项目。辛能达集团顺水推舟，差旅食宿费用结清，其他款项两不相欠。

难能可贵的是，2019 年底，金总作为刘老师的客户兼朋友参加了辛能达集团增量驱动落地项目的复盘会，一起深度分析，为什么其他公司几乎全部推动成功的增量驱动项目在辛能达集团遭遇了滑铁卢？增量驱动的一颗优质的种子，为什么没有在辛能达集团的土壤中生根发芽呢？经过一天一夜的复盘，一张项目失败原因分析图摆在了大家眼前。

显性原因：

① 核心决策团队未达成变革共识、未形成合力，甚至会产生阻力；

② 公司缺乏变革的勇气，很多人甚至是中高层不愿意走出舒适区；

③ 决策机制保守、老旧，委员会中的顾问权限设置欠合理；

④ 决策者的领导力不足；

⑤ 动员和宣传贯彻不足；

⑥ 关键环节、关键角色的沟通策略欠缺；

……

隐性原因：

① 中高层团队有帮派现象、小山头主义；

② 人才结构老旧，构成相对单一，思维相对封闭；

③ 管理中存在阳奉阴违现象；

④ 缺乏问责机制；

⑤ 主导项目的"同盟军"力量薄弱；

⑥ 价值观对实际工作的指导作用不大；

⑦ N 咨询公司对辛能达集团的情况了解不足；

⑧ N 咨询公司对突破口的选取存在失误；

……

辛能达集团成了增量驱动的滑铁卢。案例中不乏有利于项目推动的重要因素，如良好的甲乙方关键角色关系（金总和刘老师）、CEO 赵总面临的困境引发对变革的诉求、相对稳定的业务形势（抗风险性强）、强大的咨询顾问团队（从业经验足、项目经验丰富），但还是没能让增量驱动的种子在辛能达集团扎根、存活。项目失败的根本原因是什么？增量绩效管理需要的土壤成分有哪些？

我们在下面三节的内容中进行相关探讨。

10.1 组织的两种状态

增量绩效法落地的门槛或者条件是什么，是我们在实践中经常被问到的一个问题。我们从一个个项目中不断提炼，总结出以下几个相对清晰的要点：

- 有预算管理的基础或者有基本的经营数据积累；
- 有绩效管理基础（至少运转过一个周期）；
- 使用过绩效管理方法（不限种类）；
- 有一定的能力体系（如职级体系、任职资格体系）。

显然，上面这些要点只是增量绩效法适用的最低要求，距离产生增量驱动力的要求还相差很远。让增量绩效法产生效果，需要我们将目光投向对组织的关注和研究。

在我们的视野里，组织只有两种状态——开放状态和封闭状态。

开放状态是自省的，面向的是未来，展现出来的姿态是进攻。

开放状态的企业能够直面自己的短板，善于发现自身的不足，善于学习——向时代学习，向市场学习，向客户学习，向竞争对手学习，向过去的自身学习。

开放状态的企业善于积累信息与数据，并从繁杂的数据中寻找企业经营的规律，建立有效的资源调度方法（比如开放式预算）。

开放状态的企业善于沉淀，无论是技术、管理，还是文化，这样的沉淀是相对持久的，耐得住寂寞，"板凳能坐十年冷"。沉淀的背后是企业对行业和市场下的苦功，看得深，看得稳。

开放状态的企业善于和自己斗争，甚至敢于革自己的命。从企业决策者到核心员工（我们不苛求每一个人都是如此）都能逼迫自己走出舒适区，接受新的挑战。

开放状态的企业会诞生自己的英雄。这些英雄在有些人眼里可能有点"傻",但就是这些英雄能坚忍不拔地完成有相当难度的目标,为后来人铺设一条条新路。这些英雄会受到充分的尊重,会有前赴后继的追随者。

华为就是一家开放状态的企业,《华为人》上刊登过一篇名为《板凳要坐十年冷》的文章,讲述了华为人在创业初期是如何坚持、奋进的,充分显示出开放状态企业的力量:

"早期公司的交换机采用国外某公司的用户电路套片,但网上运行效果并不令人满意。凡是知道它的人,无不对它奇高的故障率记忆犹新。那时,板子经常烧坏,而且动不动就把整个板子都烧成灰烬。那时,大家简直不敢听到'雷'这个字。一片雷声,就要吓倒一片市场,还要忙得大家团团转。

"公司决定着手组织开发自己的用户电路。

"这是一个英明的决定。同时,这也意味着我们踏上了一条不归路。从此,每一个加入用户板的人注定要与苦寂、平凡、重复、琐碎和高度的责任心为伴。在这一条路上,我们可以奉献青春、执着,还可以无怨无悔。

"从用户电路的开发设计、中试、测试装置研究到生产、市场技术支持,常年保持着近十人的专业化研究队伍。为提高用户板可靠性,他们几年如一日,精益求精,不断地优化每一个电路,使公司用户板的品质提升到了很高水平,得到了广大用户的高度评价。在这个群体,人员跨越了部门,跨越了专业,大家只为一个目标,为用户板的质量而共同奋斗。有的人职位变了,有的人换部门了,有的工作任务变了,但只要是用户板的事,就主动积极承担起来,从不推诿。"

而封闭状态的企业可能会是另一种样子。

封闭状态的企业善于发现别人的问题，但往往会回避自己的问题。尤其是处于企业金字塔顶端的决策者们，不敢或者没有能力发现自己的不足，更不要说进行自我改正和自我完善。他们自以为是，觉得自己是最好的。

封闭状态的企业不肯下改善管理的苦功夫，不肯在小数点级别的数字上做沉淀、做规范，要么没有数据，要么数据混乱，每个部门的数据口径都不统一，更不要提完善的经营分析系统。

封闭状态的企业喜欢投机，以善于抓住机会、拥抱变化的名义跟着潮流前进，成功了就可以发大财，不成功就马上转到下一个热点。

封闭状态的企业很难做到从目标到执行，因为目标经常会变，执行了反而不对，多做多错，不如不做。而且，做好了也不会有好的收益，做不好也没什么惩罚。有时间做事情还不如花功夫应付好上司。

封闭状态的企业也想改变，但由于上面的种种原因，从上而下的改变已经成了奢求。口号喊完，大家各自散了，一切照旧。

封闭状态的企业也有自己的英雄，但英雄很难引起大家的崇敬、尊重甚至羡慕，有的只是对英雄的非议。

开放状态的企业更受人欢迎，封闭状态的企业会令人唾弃。然而，封闭状态的企业并不是刚开始就是封闭的，是因为丧失了保持开放性的意识、动力而逐渐变得封闭的。组织变革需要企业处于开放状态，企业处于封闭状态时甚至都不会有变革存在的可能。增量绩效管理需要企业处于开放状态，至少核心团队处于开放状态（一般情况下结块最严重的也往往是核心团队），这样才能通过增量绩效法由点带面地将组织带入正循环，从而促使整个组织、整个企业的开放。从这个角度说，增量绩效法既是开放状态的果，又是更大范围开放状态的因。

10.2 保持组织开放性

在保持组织开放性方面，华为是一个值得借鉴的企业标杆。华为的实践给我们以下几个方面的思考和启发。

10.2.1 思考失败

如果从华为的价值观、企业文化中挑选出一个最关键、最能体现华为特色、最能帮助华为走向成功的要素，答案或许是善于思考失败。

善于思考失败，首先是善于预测。2000 年，任正非发表了著名的《华为的冬天》，当时，华为正如日中天：当年销售额达 220 亿元，利润以 29 亿元位居全国电子百强首位。很多人不理解，为什么在企业发展欣欣向荣的时候任正非要发表这样一篇文章，还有人甚至在琢磨：华为的葫芦里到底卖的什么药？

如果对当时的时代背景有所了解，就不难发现，事实上华为在 2000 年的时候就已经预测在未来几年内华为会遇到业务上的瓶颈，有这样的预测是基于当时国内的 3G 牌照迟迟未下发，2G 的设备已经没有可卖的空间了，再这样拖下去华为就只能眼睁睁地"等死"。后面几年的业绩数字印证了华为的判断，2001 年华为营收为 225 亿元，2002 年营收为 221 亿元，出现了自华为创办以来第一个业绩下滑低谷。当然，这个周期没有持续太久，2003 年华为的业绩实现反弹，完成 317 亿元的营收。

善于思考失败，还要在胜利的时候保持冷静。在 2010 年《财富》公布的全球 500 强企业榜单中，首度上榜的华为排 397 位，成为进入世界 500 强的第二家中国民营企业，也是 500 强中唯一一家没有上市的公司。这样的业绩是非常值得骄傲的，但当时的华为并不认为这是多么大的荣耀,没有宣传,没有庆祝,没有发文,似乎这是一件稀松平常的事情,不值得一提。

在华为,同样的情况还有很多,追平阿朗、反超爱立信、业绩超过思科时,华为依然一如既往地云淡风轻,从不为暂时的小成绩而庆贺。

在取得战绩的时候,华为一般会有两种姿态,第一种姿态是感谢前线奋战的将士,第二种姿态是树立更高的目标,向下一个高峰前进。华为之所以会表现出这样的态度,不是装腔作势,也不是故作冷静,而是实实在在地思考可能的失败,思考这次的胜利之后会出现怎样的挑战。

善于思考失败让华为始终处于一种理性与冷静的状态,甚至有时候会呈现出一种偏保守的特点。对这种偏保守特点的批评在华为内部比比皆是,比如有一批中高级干部批评任正非因为保守错失了云业务的发展契机,再比如华为蓝军曾经面向华为全员发布了一份针对任正非的批判意见汇总,洋洋洒洒十大条,被称为"任正非十宗罪"。即便如此,华为仍然保持着这种善于思考失败的风格。

10.2.2 乐观精神

与善于思考失败呼应的是坚持乐观精神。坚持乐观精神在华为一般只有一种解读,那就是:面临极端艰难,华为只有选择、只能选择、只会选择迎难而上,咬紧牙关克服困难,而这块名为"困难"的磨刀石会把华为变得更加强大。

对乐观精神的坚持在华为的管理层发挥得淋漓尽致。故事有很多,比如 2003 年思科诉华为案。2003 年 1 月 24 日,思科在美国法律最苛刻的得克萨斯州起诉华为,事由是华为非法侵犯思科知识产权,指控包括非法抄袭、盗用包括源代码在内的 IOS 软件等。如果思科胜诉,华为面临的不仅仅是巨额的罚款，更有彻底被打倒、被行业扫地出门的可能。但华为高层没有因此而沮丧，而是采取各种方式积极应对，最终思科撤诉，华为挺过一关。

再比如从2019年开始的美国断供，华为海思总裁何庭波在致全员信中提到，海思走上了科技史上最为悲壮的长征，为公司的生存打造"备胎"。如今这些备胎一夜之间全部转"正"……挽狂澜于既倒，确保了公司大部分产品的战略安全、大部分产品的连续供应。也许2021年华为轮值董事长郭平在新员工大会上的发言更能够体现当前华为高层对形势的判断和信心："华为生存没有问题。我在很多场合说过，美国对华为卡脖子涉及的不是爱因斯坦的问题。是什么问题？是成本问题、工艺问题和时间问题。这些问题，要靠有效的投入来解决。华为的决定是加强研发、加强投入。解决卡脖子问题，自建和帮助产业链的伙伴解决供应连续和竞争力问题。应该说，过去两年我们做得效果不错，管理层有信心。我们也有这样的支付能力，我们也对新加入的员工有期望。"

而在一线员工身上，这种乐观精神也是随处可见。有位海外驻场的员工回顾自己过去三年的年夜饭，写了一篇短文《日子一年比一年好》：第一年春节，一个人在Hotel，附近只有一个破超市，能买的只有烤得不怎么难吃的鸡翅，后来发现了方便面和泡菜。第二年春节，一个人在宿舍，可以自己做饭，有中国超市，也有中国饭馆。第三年春节，在德国代表处的办公室，公司组织了包饺子活动，大家一边包饺子一边看春晚。他总结道："俗话说，吃饱吃好不想家，随着业务的蒸蒸日上，我们的年夜饭和过年活动也越来越丰富，日子真是一年比一年好。"

困难从来都是更大胜利的前奏、挑战更是坚强队伍的磨刀石。华为坚信，极端困难的外部条件，会把"我们"逼向世界第一。

10.2.3 去神秘化

神秘化往往因为一些原因变得理所当然，比如激烈的商业竞争让企业必须高度重视商业机密、信息保密，比如企业为了维系组织稳定而设置保密机制。

关于神秘化，华为的做法分为两面，一方面，华为将该神秘的部分（比如核心技术）高度神秘，用极强的激励力度鼓励员工申报专利，加厚、加固华为的技术护城河。华为对泄露公司核心机密的行为采取了极度高压的措施，每年都会有一批触碰这一底线的在岗或者离职员工被华为提起诉讼、赔偿。另一方面，华为将不是核心技术的部分尽量去神秘化，华为甚至主动公开管理思想、经营策略甚至是方法论。比如大家熟知的、被业界奉为经典的《华为基本法》、目前已经升级的《华为人力资源管理纲要2.0》，以及最为浓缩的华为管理哲学《熵减——我们的活力之源》，都可以在互联网上毫不费力地找到全文。而且，《华为人力资源管理纲要2.0》在公布之时就已经表明，这是向全公司甚至全社会公开征集意见的版本。请咨询公司进场，花了上千万的咨询费，搞了好几年的成果，就这样免费奉送给社会。

2021年，华为在技术上也做出了去神秘化的行为——5月，华为将鸿蒙系统开源。

华为的去神秘化做法，给人的直观感觉是理性、开放、自信、大气。其中隐藏着华为式的管理逻辑，一是公示给大家，让大家清楚、监督、改进；二是不怕竞争对手拿去学，因为华为会逼着自己升级到下一个版本、下一个发展阶段；三是让更多的人懂华为，懂华为的思考模式，从而成为华为真正的伙伴，无论是业务上的，还是理念上的。

与之形成鲜明对比的是，一些企业将本应去神秘化的部分藏得太深。比如公司的战略目标，本应全面、系统、通透地向公司全员宣传贯彻，让每一位员工都知道公司和老板想要什么、为什么要。但实际的做法通常是高管们将加了密的文档深藏在电脑里，偶尔拿出来引用一两句，仅此而已。

10.2.4 以核心竞争力驾驭不确定性

以核心竞争力驾驭不确定性，体现的是华为式的冷静、凶狠。华为从不惧怕不确定性，而是深度研究，找准方向，然后在距离心目中的那个目标还比较遥远的地方"挖井"，稳定而持续地投入，将不确定性变成确定性。这些稳定而持续的投入，或是在研发方面，比如 5G 技术（在外媒对任正非的采访中已经隐约透露出华为的 6G 研发计划），比如量子计算，比如海思的芯片设计；或是在业务方面，比如 BLM 模型，比如从战略到执行，比如三大 BG 拆分；或是在管理方面，比如 IPD（集成产品设计），比如集成财务转型（IFS），比如 LTC（从线索到现金）；或是在组织与人才方面，比如建设战略预备队，比如干部部拆分，比如发布《华为人力资源管理纲要 2.0》。

以核心竞争力驾驭不确定性，对公司发展而言至少有四层意义。

一是有利于保持战略定力。站在战略选择的十字路口上，很多企业会出现迷茫和摇摆，找不到有效的解决方法。这时，企业应问一下自己：哪条路更有利于积累和发挥自己的核心竞争力？顺着这个问题追问下去，问题很可能就会迎刃而解。

二是有利于抵御风险。这一点在新冠疫情期间的中小企业身上得到了充分的印证。2021 年 7 月，我们到浙江省义乌市参加一场活动，活动结束有几家公司的老板来交流。其中两家是贸易公司，因为关税提高，上半年业绩是2019年的20%左右，还有一家是既做贸易又做设计的公司，业绩也出现了下滑，但总体上能够维持2019年70%左右的业绩规模。处于同一个行业的企业，因为竞争水平的差异，会表现出完全不同的抗风险能力。只做贸易的公司，老板现在想的是要不要进军其他行业，否则会在这条路上倒闭。既做贸易又做设计的公司，老板现在想的是适度缩减业务规模和人员规模，先渡过目前的难关再说。

三是有助于抵抗诱惑。还是义乌的那场活动，和上面几位老板同行的一位老板是做纸尿裤代加工的，无论是新冠疫情还是中美贸易战对他的公司的影响都不大。但是，有一个诱惑摆在他们面前：要不要像其他企业一样引进口罩制造设备？现场的咨询专家问了这位老板几个问题：目前口罩生成的毛利率如何？比起纸尿裤加工的毛利怎么样？引进设备、相关人才、寻找原材料厂商、口罩销售的渠道是不是非常便捷？口罩生产有利于公司核心竞争力的沉淀吗？几个问题问下来，那位老板恍然大悟，因为他的公司的核心竞争力是与几个纸尿裤设计厂商的"铁关系"，关系的背后是公司一直以来高质量、及时的交付。如果转去做口罩，纸尿裤的生产能力一定会被拉低一段时间，这很有可能会破坏他们与纸尿裤设计厂商的良好合作关系，可谓捡了芝麻、丢了西瓜，得不偿失。

四是有利于打牢长远发展的根基。在核心竞争力的方向上进行沉淀，是使企业获得长远发展的有效路径。核心竞争力犹如大树之根，大树能长多高、多壮，光看树冠和枝干是不够的，更要看树根。看上去非常粗壮的大树有可能抵挡不住狂风的侵袭，因为它的根系不够发达，没有渗透到深土层。在没有遇到狂风暴雨之前，拼命向深处扎根，是参天大树的成长秘诀。从这个角度来说,对企业的研发投入进行排名,其本质意义是比拼这些企业根基的深厚程度、长远发展的可能性。

10.2.5　通过客户和业务拉动管理

通过客户和业务拉动管理,是业务领域变革的根本目的。客户和业务是企业最源头的老师。很多企业都在提"客户至上""客户为本",如果这么做只是为了表明为客户服务、为客户负责的态度,那说明他们丝毫没有认识到这些思想理念的价值。

那么,以客户为中心的口号到底蕴藏着哪些价值呢?

在我们看来,至少有四层价值。

第一层:厘清企业为什么存在

每一家企业、每一位老板都必须想清楚:客户是企业的"衣食父母",是企业赖以生存、赖以发财的"上帝"。很多知名的企业家之所以能把企业打造成国内甚至世界一流的现代化企业,都是因为他们懂得要千方百计赢得客户的信任,张瑞敏、董明珠、李书福等都是如此。华为对客户的态度更是简单明了——华为是为了客户存在的,没有客户就没有华为的存在和发展。因为客户的需求会产生商机,有了商机华为就能赚钱,商机断了,华为就不能赚钱,不能赚钱的华为是没必要也没有可能存在的。

正因为如此,华为轮值CEO在2017年新年献词中才会说:"我们要减少追求'形式感''排场'的营销活动、务虚会,增加坐下来和客户一起讨论解决实际问题的活动;减少高大上的'趋势''愿景''新概念',增加场景化的实践经验教训的总结和案例;减少办公室里的坐而论道,增加进机房、上站点、去街边柜、蹲营业厅;去除'行业领导者''攻进无人区'的盲目乐观,增加对未来不确定性的敬畏和独立思考;去除以领导为中心的'内部价值呈现',即制作美轮美奂的内部宣传视频、精美的PPT,聚焦以客户为中心的'价值创造'。治病要治本,要从我们的考核评价机制上去反思和改进,导向正确的工作作风,聚焦为客户创造价值。"

第二层:引导员工行为

眼睛盯着客户,屁股对着老板,是这一层意义的真实写照。以客户为中心的理念,是对员工(老板是企业的一号员工)工作优先级进行排序的依据。一个真实的案例可以充分佐证这一点:在一个项目中,甲方给联合项目组中的一家供应商亮了红牌——如果在某个时间节点还没有把某个问题解决掉,这家单位就会被踢出局,而且拿不到项目款,因为问题的严重性已经影响到全局。收到红牌之后,这家公司的老板亲自带队到项目现场,为甲方汇报解决方案,汇报完毕之后还向联合项目组的每一位与会成员发了自己的名片,说如果联合项目组有任何关于他们公司的异议、不满,可以直接打电话给他本人,挨骂都可以。问题就这样迎刃而解。后来,项目结项时甲方领导做总结点评,重点表扬了这家公司,并且当着联合项目组全体成员的面,向这家公司的老板鞠了一躬。这就是客户导向对员工行为的引导,老板都能做到这一点,他们的员工一定也会尽最大努力地去做到。

第三层:指明企业管理的价值导向

企业管理的价值导向一定是面向客户的。这个道理无比简单,简单到很多人会忽视它的存在,并做出相应的行为,比如客服总监的薪资在很多企业是相同层级中最低的,增幅是最慢的;在公司经营会议上,客服总监或者运维总监反馈的问题往往会被忽略,而财务总监、销售总监说的话会引起老板的高度重视。

职责的设置是企业管理最基础的动作。但企业管理向更完善、更系统、更复杂的方向发展时，机制、制度、流程纷纷建立，而这些内容，是不是都是能够更好地为客户服务呢？也许初心是为客户服务的，但是随着系统越来越复杂，很多人会陷入制度与流程的汪洋大海中，陷入一个"内卷"的坑里，看不清自己的所作所为是不是有利于为客户服务。这个时候，重新强调"以客户为中心"会使企业重新回到正途上。

第四层：确立企业变革的终极方向

企业变革是企业在管理不断僵化、不能以常规的管理补丁解决问题时做出的相对剧烈的改变。企业变革和企业管理改进相比，具有体系化、全民性、自上而下、持续时间较长的特点，但企业变革的终极方向和企业管理改进的方向是一致的，都是更有利于为客户服务，从这个角度来说，第三层是第二层的延伸。华为从20世纪90年代至今经历了多次有深度、有广度、更有难度的企业变革，每次变革的指向都是缩短华为与客户之间的对接距离、加快华为与客户之间的对接速度。对华为而言，这将带来净利润的增加、有现金流的利润。在此基础上加深与客户的绑定，还可以使企业与客户站在同一个战壕里，和客户一起面对风险挑战，面对未知。

华为2017年新年献词中提到，华为要从一个网络设备供应商转型为商业解决方案提供商，成为能够与客户一起探索未来，并一起面对未来的挑战与风险的商业合作伙伴。这需要华为在变革与转型中重新思考自己的定位与价值，调整现有的态度、观念、做法，思考有效的策略、商业模式、管理和考核机制，并建立相匹配的组织和能力。而为这一切指明方向的，无疑是以客户中心的理念。

10.2.6 打破平衡，形成张力

打破平衡是手段，形成张力是目的。张力的形成背后是"组织充满活力"的管理假设，或者说，形成张力是让组织充满活力的一种手段。

如果说增量绩效法是一种"以攻为主，攻守兼备"的方法，那么充满张力的组织氛围是与之最为相得益彰的条件。张力得到释放，目标的指向就是增量。

其实，企业经常采用的一些做法从本质上来说就是在实践中打破平衡、形成张力。绩效评价的等级分布、强制分布，是为了打破平衡、形成张力；年度评优中的顶级奖项、次级奖项是为了打破平衡、形成张力；甚至职级体系也是为了形成张力，让职级低的人有动力去向上攀登。

打破平衡、形成张力至少包含以下理念。

第一，鼓励员工向着工作目标进攻，通过能力产生绩效赛出"良马"甚至"千里马"。

第二，鼓励功劳，不鼓励苦劳。员工忙忙碌碌、累死累活不是组织想要的状态。忙碌要有输出，只有输出才会形成绩效，只有绩效才能衡量价值的高低。绩效水平不同，价值高低不同。

第三，反对平均主义。将主管想做"老好人"、不想得罪人的心态在基本的工作理念和行为中消灭掉，将管理矛盾的解决中心下沉。不平均才是公平的，平均是真正的不公平。

第四，鼓励先进带后进。鼓励大家当"雷锋"，不让"雷锋"吃亏，让受益多多的"雷锋"成为大家羡慕、学习的对象，从而产生更多的"雷锋"，进入正向循环。

在具体的工作实践中，我们需要有一双敏锐的双眼来识别打破平衡的误区，比如：

误区一：优秀轮流做。"今年你优秀，明年我优秀""见者有份""阳光普照"，其实就是用时间换空间，把张力消解在时间的长河里。

误区二：牺牲一部分优秀名额也要保全绩劣人员。在实践中，有些部门宁愿让所有人都得不到 A，也不要部门出现 D。不管是为了保护绩劣人员，还是为了维护部门的面子，这种做法都是管理的失职，说得更严重一些是牺牲组织能力维系个人声誉。

误区三：只评估出结果，不做正向沟通引导。这种做法比比皆是，主管打破了平衡、形成了张力，但没有将这种张力很好地运用，就像射箭，一直处于引而不发的状态，张力就会消散，弓弦的韧性也会降低。绩效沟通、评优沟通、任前沟通等各种沟通就是为了释放这种张力而设置的。不去适时做沟通的主管有两种可能，一种可能是没时间沟通，另一种可能是不懂得如何沟通。无论是哪种可能，管理者都需要提升自己的认识和水平。

打破平衡，形成张力，这种做法经常被变革者当成破局的手段。在商鞅变法、改革开放等成功的社会变革中经常能看到这种做法的影子。

10.2.7　通过核心价值观激发正能量

核心价值观属于企业文化范畴。企业文化是组织发展的精神底座，是企业成长所植根的土壤中的养分。如果说企业这棵大树会结出各种组织、个体的果实，那么，果实的味道就取决于土壤中的养分。从某种程度来说，企业文化对组织的影响会比对个体的影响更大、更持久，因为组织中蕴含了在其中的诸多个体的最大公约数。

核心价值观的提炼需要经营管理团队有极其认真的态度、极其深刻的思考。"极其认真"到什么程度呢？要能触及自身深层次的不足、缺陷，能够坦然面对人性，充分认识到自己的弱点。华为的核心价值观是对人性弱点的逆向做功，如图10-1所示。"极其深刻"到什么程度呢？要能找准企业管理中最基本的痛点，要做到保持开放、思考失败、去神秘化等。

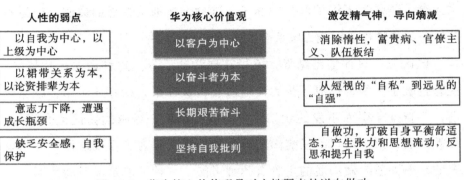

图10-1　华为核心价值观是对人性弱点的逆向做功

通过核心价值观激发正能量，我们可以进行以下尝试：

一是让企业的发展战略、管理改进一直围绕着核心价值观展开。当然，核心价值观应该与时代同步，不断升级。

二是经营管理团队尤其是决策者进行艰苦卓绝的修行，而不是形式主义。

如果以上两条做不到，那就进入"极其认真的态度、极其深刻的思考"的循环，直到找到能够满足前两条的核心价值观。这样的核心价值观往往是贴近人性、符合常理的，不是空洞虚假、虚无缥缈的。

从这个意义上说，企业的核心价值观就是能够尽最大可能凝聚全员共识的修行法则。

10.3 做好增量绩效法的操刀手

增量绩效法需要"人"去落地,那么,能够很好地推动这一管理方法的人应该具备什么样的特点呢?

10.3.1 聚焦经营的多面体

增量绩效法的操刀手必须是聚焦经营的多面体。这包含两个关键词,第一个关键词是"聚焦经营",也就是说,操刀手一定是围绕企业经营来推动增量绩效法的。因为增量绩效法的核心使命是助力企业经营,追求的是为企业增加现金流,带来净利润的增长。第二个关键词是"多面体",操刀手至少应该是懂战略、懂经营、懂组织、懂管理、懂专业的"五面体"。

1. 懂战略

操刀手至少能够对以下问题尝试思考与解答:

- 客户群和产品目标是什么;
- 发展目标与阶段(比如三年、五年)目标怎么分解;
- 核心竞争力如何打造;
- 有哪些可能的增量机会(业务增长机会);
- 计划采用的策略和路径。

某集团的案例值得我们借鉴:

某集团从战略到执行共创会共同纲领（部分）

一、我们的客户群和产品目标

客户群：我们需要针对产品和客户群体进行策略性分析，建立短中长期客户群体目标，最终覆盖所有人；

产品目标：五年后我们产品类目要达到 200 个，其中爆款单品销售额达到 4 个亿。

二、发展目标与五年目标分解

我们的发展目标：2025 年销售额达到 20 个亿，在保证整体目标达成的基础上鼓励业务单元实现增量突破。

目标分解：

时间	2021 年	2022 年	2023 年	2024 年	2025 年
销售额	2 亿元	4 亿元	7.5 亿元	12 亿元	20 亿元

三、我们要逐步打造并形成以下核心竞争力

超强服务力：持续提升差异化及完善的服务体系；

组织与人才牵引力：打造具有竞争力的人才组织与团队；

自主研发与创新力：构建自己的核心知识产权体系；

品牌影响力：塑造品牌影响力。

四、我们聚焦最有可能的增量机会（业务增长机会）

量的增量：通过拓展区域、拓展渠道、增加品类、招揽人才达到销量的增量；

质的增量：通过提升产品品质、提高品牌影响力及引进 IP 等措施达到质的增量。

2. 懂经营

操刀手要有较为系统的企业经营知识体系，明白企业是怎么赚钱的，哪里是花钱的，净利润的增长、现金流的利润是从哪里来。华为的企业经营立方体提供了一个较好的企业经营分析模型，如图 10-2 所示。

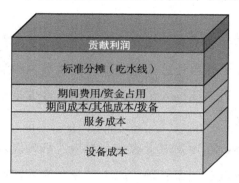

图 10-2　华为企业经营立方体

3. 懂组织

操刀手要深刻理解组织的形态、组织的演变、业务发展对组织形态的要求、组织管理机制、组织与干部管理对应机制等，更重要的是要能够从人的诉求到群体的诉求深入探究影响组织发展的内部动因，懂得优化组织运作规则，激发组织中的人和团队的活力。

4. 懂管理

一提到管理，有成百上千个关键词会涌入我们脑海里。什么是管理，怎么样才能做好管理，这些问题有无数答案。而在增量绩效的世界里，懂管理外化到具体的事情上，就是要做到以下四点：

- 能够进行深入学习，掌握规律；

- 能够建立机制、流程、制度提升效率，解放生产力；
- 能够让合适的人做合适的事情并促使其成长；
- 能够抓大，更能够放小。

5. 懂专业

懂专业是操刀手应具备的最基本的素质。之所以在此处提及，是因为专业的发展速度之快会让管理者在微观层面出现决策偏差。从这个角度说，对专业的钻研是职场人士永久的话题，这也是对职场上的"工匠精神"的朴素解读。

需要注意的是，职业发展上有一个很多人都难以避开的误区，那就是专业到了一定程度就去做管理，原来的专业修炼被搁置在一旁。这种做法对于一部分人而言是合理的、积极的，但对于另一部分人来说是致命的，因为他们的特点是善于钻研专业、对事情更敏感，不善于协调、对人际关系不敏感，更适合在专业道路上一直走下去。从这个角度来看，"管理+专业"的职业发展双通道理念支撑下的任职资格体系就更显示出其必要性。在企业里，技术专家应该与高管享受同等待遇甚至更高待遇，而且在必要的时候要使其参与到最高决策中。类似做法在军队里已经得到实践，就是与军官制度对应的士官制度，高阶军士长的地位并不比司令员低。

除此之外，增量绩效法的操刀手还需要具备几个方面的能力，比如数据能力。数据能力是制约增量绩效法落地的重要能力。增量绩效法的操刀手最好是数据高手，这样的数据高手不是工具层面的，而是业务、职能关系层面的，因为描述业务、职能以及它们彼此之间关系最好的方法就是数据。再比如项目管理能力。增量绩效管理本身就是一个项目，是一个多线程、多任务、多目标的项目，掌握项目管理这套工具有利于达到增量驱动效果。

10.3.2 问题解决的特种兵

增量绩效法的操刀手还应该是问题解决的特种兵，具体来说就是要具有"四快"的特点。

1. 思路快

对来自各方的诉求要有能够准确理解的能力，出现问题要能够迅速发现问题，找到问题的根源。在辛能达集团的案例中，生产系统、供应链系统、财务系统无实质进展，销售系统中7个销售部完成3个，另有4个无进展，这种情况反映出联合项目组没有很精准地捕捉到落后系统、部门的诉求。

2. 连接快

连接快主要是对多方面高效协同的要求。增量绩效管理需要大量的互动，操刀手不可能在办公室里就把任务完成、把工作做好。2018年，我们的一位朋友在他们公司推行增量绩效法，一年下来，访谈439人次、866小时，开了47次项目例会，进行了21次专项汇报，输出项目总文档2204件……通过这些数据，我们可以推测出他们做了多少周边连接工作。

3. 嘴巴快

嘴巴快不只是指说话快，而是指善于沟通。增量绩效管理项目中的关键关联人比较多，操刀手除了要进行内部之间的沟通外，还需要与经营决策层（甚至董事层）、中基层干部、员工做大量的沟通。沟通的形式也多种多样,有会议,有培训,有制度流程,有方案宣讲。这要求操刀手必须是沟通的高手。

4. 出手快

出手快主要指输出,输出的形式包括方案、工具、流程、制度、课程、合理化建议等。在华为式逻辑里,如果没有以上这些,就没有输出。2019年下半年在圈子里引起了风波的华为胡玲事件,被点名投诉的主角之一高某被胡玲描述为"3个月没有输出",就是指高某3个月里没有方案、工具、流程、制度、课程、合理化建议。输出的形式有了,还要有速度和质量。有效的输出才是输出,高效的输出才是输出。

当然,做问题解决的特种兵只有"四快"还是不够的,还必须具备知识的广度、技能的多元化以及丰富的经验。

10.3.3　掷地有声的铜豌豆

如果将增量绩效管理作为公司级项目去推动,并且进行全系统的深度落地,可以想象,在这个过程中,操刀手会遇到多么大的阻力和困难。要知道,并不是每一个人都希望走出舒适区,并不是每一个人都能走出舒适区。虽然增量绩效法是指向增量的,是以增量的获取作为价值评估和价值分配的基础,但在重新的分配过程中必然会触及部分人的利益,阻力就会由此而来。这些阻力会以不同的形式展现出来:

- 被触碰利益或者削减权责的人的直接反对;
- 寻找增量绩效管理中的工作失误或者漏洞,以失误或者漏洞来攻击整个增量绩效系统的科学性与合理性;
- 以组织原有的规则、惯例作为武器,阻碍增量绩效的创新尝试;

- 不支持，不反对，不参与；
- 拖延。

这些阻力与挑战是增量绩效法操刀手必须要面对、经历、克服的，而要想克服这些阻力和挑战，需要操刀手做一颗掷地有声的铜豌豆，有坚定的目标感，有对轻重缓急的判断，扛得住压力，受得了委屈，坐得住冷板凳……

回到开篇的案例，现在我们可以找到N咨询公司在辛能达集团遭遇滑铁卢的原因。辛能达集团的组织状态表面上是开放的，是欢迎做变革的，但实际上是封闭的，因此才会出现不理想的结果——"夹生饭"，不配合，给项目组"穿小鞋"。项目复盘的显性原因和隐性原因揭示了组织开放性的各种缺失——公司的中高层缺乏变革的勇气，不愿意走出舒适区，缺乏思考失败的精神，不愿意解剖自己（神秘化），销售系统对公司变革的输入意愿和程度不够，核心价值观未能激发团队和个体的正能量，等等。总之，辛能达集团推行增量绩效法失败的根源就在于并不具备增量绩效法所需要的土壤，这值得每家企业借鉴。

后　　记

　　从动笔至今,已经过去了大半年。大半年的时间,足够发生很多事情了。

　　新冠疫情防控保持长期向好的基本面,但是局部多发的情形也会时不时地显现,用身边朋友的话说,你永远不能预计下一次出差的终点是家里还是隔离酒店。在新冠疫情的影响下,可以感知到的是人们的消费热情不高涨,就连黄金周,消费市场也不如预想的那样繁荣活跃。

　　这大半年,几家曝光度比较高的"超大厂"各有新情况。华为因为芯片断供、壮士断腕剥离荣耀等种种因素经历了触底之后的反弹,已经逐渐恢复到之前的水平。对华为来说,现在的目标成了"有质量地活着"。小米业绩表现亮眼,在"华为跌倒,小米吃饱"的大风中,雷军要造车,发出了"这是自己人生最后一战"的怒吼。国家对商业反垄断方面的政策波及了大批的互联网头部企业,阿里巴巴、美团、腾讯等都接到了或多或少的罚款和整改指令。字节跳动的创始人张一鸣卸任CEO。腾讯在经历了游戏产业潜在小风波之后捐了500个亿。

　　"超大厂"有"超大厂"的风雨,"中小厂"有"中小厂"的波折。很多企业今年没有发年终奖,而且还悄悄地以优化的名义裁员。义乌的老板们因为出口税率的提升而犯愁。

身边的朋友也有喜有忧。有人升职了，成了公司最年轻的高管；有人裸辞了，在家闲了好几个月一直没找到工作；还有人冒着疫情的风险出来创业，而且做的还是非常传统、很多人认为根本不可能赚钱的行业，一年下来居然硬是杀出一条血路。而在我身上，也发生了一件事情，熟悉了一个人。

一件事情，就是用增量绩效管理的结果验证这套理念和方法的优势和不足。从华为的增量理念发源、在十几家中小企业的管理实践中不断总结，完善理念，梳理方法，设计工具……五六年来，增量绩效法一直在路上，尽管磕磕绊绊，但取得的成效是让人欣喜甚至是兴奋的。在使用增量绩效法的企业中，产生了很多英雄个人和英雄组织，进而带动更多的人、更大的组织向着胜利前进。我们定义的"胜利"，是有净利润的，是有现金流的，是净利润和现金流持续增长的，是踏踏实实为客户服务的胜利。

一个人，是一位不敢跳槽的华为老兵——珊姐。珊姐是有十几年资历的老华为人，用她自己的话说，从她没毕业就"跟了华为，做了华为的女人"。十几年间，她从 CHR（总部人力资源）的办公室文员，做到员工关系专员、人才管理 COE、招聘专家，又做到海外 HRBP、第一批干部部部长战略预备队成员。顺便说一句，我和珊姐认识，正是因为她作为师姐来给我们这一批干部部部长战略预备队学员做实战分享。从进入华为以来，珊姐的绩效排名一直是 A 和 B+(B+ 都拿得很少)，还是用珊姐的话说，跟她争绩效排名的对手都"死得很惨"。从地区部到全公司的总裁特别奖珊姐拿了很多次，在职业发展的道路上可谓一骑绝尘。我认识她的时候她已经是南美洲某国的国家 HRD 了，理论和实战俱佳，美貌与实力齐备。

当然，除了光鲜亮丽的一面，珊姐也有不堪回首的一面。珊姐是江苏人，是家中的独女，比我略大一点，但是到现在还没有结婚，甚至连处得来的男朋友都没有。珊姐的父母已经退休，本来是想退休之后跟女儿一起生活，照顾外孙，尽享天伦之乐。没承想，休是退了，外孙的影儿都不知道在哪，想跟着女儿吧，女儿又远在天边，办个旅游签过去，待不到几个月就得回来，办个长期签证吧，没多久女儿又要换到另一个国家，非常不稳定。再说跟着女儿奔波，人生地不熟，连个说话的人都没有。思前想后，老两口干脆在苏州买了套房子，择机而动。这两年，珊姐感觉压力越来越大，倒不是因为婚姻的问题，而是父母的身体越来越差，出了很多问题。珊姐的父亲心脏不好，十年前就做了心脏搭桥手术，随着年龄增长，血压和血脂也日渐增高。珊姐的母亲大脑的某个位置长了一个肿瘤，虽然是良性的，但已经大到开始压迫神经，目前症状是左腿经常麻木，无法走路，出门只能靠轮椅。左眼也已经模糊，看不清东西。而且肿瘤的位置非常不好，做手术摘除的难度很高，几家大医院的医生一致认定，如果强行手术，可能会下不了手术台。二老的情况让珊姐萌生了离职的念头。在外奋斗多年，却没有好好照顾家人，这让珊姐内心非常煎熬。

于是，珊姐积极准备寻找国内的岗位。能够休息的周末和业余时间都用来找工作和面试。2021年3月初，终于有一家不错的公司向珊姐伸出了橄榄枝。这是一家苏州的公司，做智能制造，也是国内民营企业500强，年营业额近千亿元，员工过万人。它为珊姐提供的岗位是人力资源总监，待遇和福利都很不错。和分管副总裁以及老板深聊了几次后，珊姐觉得他们公司的管理理念和核心领导人的风格非常务实开放，与自己的风格非常匹配。但尽管如此，珊姐始终没有最终下定这个决心。

珊姐知道我之前在情况相近的企业工作过，所以整个过程她都让我知晓了，并且谈了自己的顾虑。珊姐的担忧主要有两点。第一点，她从毕业到现在只在华为一家单位待过，其他单位是什么样子心里没底。她在江湖上也听说了某些公司的内部斗争是多么激烈，而且坚定地认为人力资源总监岗位是"短命"的岗位，比如，她提到国内民营企业人力资源总监平均在职时间不超过 7 个月（我也不知道她从哪里获取的数据）。她还提到了一些离开华为空降到其他公司做中高层的朋友，踏实落地者有之，融入失败者也有之。其中有一位老兄，是我和珊姐共同的朋友，华为 20 级"国际惯例"之后，去了一家很有名气的企业，待了不到半年，落地失败，后面换了几家单位，也都不怎么理想，长则不到一年，短则三五个月，就会继续跳槽，最近想回到华为，哪怕降级也行。珊姐担心自己也不能融入，到头来落得两头空的尴尬境地。第二点，在她的职业经历中，薪酬和绩效是两个比较陌生的模块。而这两个部分恰恰是非常重要甚至是最核心的模块。她担心因为自己不精通而无法带领团队取得较好的业绩，甚至会引起未来下属的不服。

这两点，让珊姐没有底气挑战下一份工作。珊姐讲完了她的顾虑，想听听我的建议。我直接问了珊姐一个问题：华为这个槽是不是一定要跳？珊姐的态度很坚定。

那不就得了，我半开玩笑地说。珊姐又问了我薪酬和绩效的一些玩法。我就把我对增量绩效法的理解和一些实践向她简单地介绍了一下。以珊姐的功力和见识，吃透这套玩法甚至创造出更巧妙的玩法，都不是难事。

上个周末，我收到了一个没有寄件者信息的快递，里面是一沓大闸蟹礼券，数量不少。还在纳闷的时候，我接到了珊姐的电话，这才知道，珊姐进了那家单位后提前一个月就转正了，在他们公司 8 月份召开的半年度干部大会上，珊姐的职位已经是人力资源代理副总裁了。她说，这都源于增量绩效法的应用与实践。

推荐阅读

"麦肯锡学院"系列丛书

麦肯锡方法：用简单的方法做复杂的事
作者：[美]艾森·拉塞尔 ISBN：978-7-111-65890-0
麦肯锡90多年沉淀，让你终身受益的精华工作法。

麦肯锡意识：提升解决问题的能力
作者：[美]艾森·拉塞尔 等 ISBN：978-7-111-65767-5
聪明地解决问题、正确地决策。

麦肯锡工具：项目团队的行动指南
作者：[美]保罗·弗里嘉 ISBN：978-7-111-65818-4
通过团队协作完成复杂的商业任务。

麦肯锡晋升法则：47个小原则创造大改变
作者：[英]服部周作 ISBN：978-7-111-66494-9
47个小原则，让你从同辈中脱颖而出。
适合职业晋级的任何阶段。

麦肯锡传奇：现代管理咨询之父马文·鲍尔的非凡人生
作者：[美]伊丽莎白·哈斯·埃德莎姆 ISBN：978-7-111-65891-7
马文·鲍尔缔造麦肯锡的成功历程。

麦肯锡领导力：领先组织10律
作者：[美]斯科特·凯勒 等 ISBN：978-7-111-64936-6
组织和领导者获得持续成功的十项关键。